Les éditions H&O reçoivent le soutien
de la Région Languedoc-Roussillon

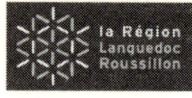

Pour être tenu régulièrement informé de nos publications,
il suffit de nous faire parvenir vos nom et adresse à :
H&O éditions - BP 90 - 34502 Béziers cedex
ou de consulter notre site web : www.ho-editions.com

Le petit galopin de nos corps

Dans la même collection

ISBN 2-84547-109-2
© Robert Laffont, 1977.

Yves Navarre

Le petit galopin
de nos corps

roman

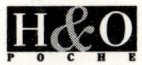

PRÉFACE

« L'oubli est parfois aussi important
que la mémoire. »
Le Temps voulu, 1979, Flammarion

Yves Navarre s'est donné la mort le 24 janvier 1994. Il avait 53 ans. Je l'avais laissé quelques heures auparavant, après ma visite quotidienne dans ce minuscule appartement de la rue du Grenier sur l'Eau où de longues années d'autodestruction avaient fini par le reléguer. Les derniers mois de sa vie avaient été un calvaire, un chaos de déménagements successifs, de crises de désespoir, de soliloques incohérents, de tentatives de suicide avortées, d'appels nocturnes désespérés auprès des rares amis qui tenaient encore le coup.

Presse, télés et radios se ruèrent alors sur une explication commode : « Suicide de l'écrivain Yves Navarre ; il avait le sida depuis plusieurs années… » C'était faux. Yves n'avait pas le sida. Il se savait certes séropositif, mais il n'avait absolument pas développé la maladie. Le mal qui le rongeait était d'un tout autre ordre, une « condamnation à vivre »[1], selon sa propre formulation,

---

1 - « *Il y avait un film de Robert Besson qui s'appelait* Un condamné à mort s'est échappé *(…), je suis un condamné à vivre* » déclarait-il à Radio-Canada en septembre 1990. Le titre *Un condamné à vivre s'est échappé* est repris dans un recueil de textes et entretiens conçu par Pierre Salducci aux Éditions du Vent d'Ouest, 1997.

au terme d'un procès où il jouait tour à tour le juge et le prévenu, le bourreau et la victime.

J'avais rencontré Yves en 1974, l'année de mes 19 ans. Il venait de publier *Les Loukoums*, roman visionnaire qui nous fait assister à la lente et inexorable dégradation physique et mentale de son héros, victime d'une syphilis tertiaire. Nul ne pouvait imaginer à cette époque si joyeuse et éclatante de santé que, dix années plus tard, la peste allait s'abattre et transformer la planète homosexuelle en charnier.

La vie dans ces années post-soixanthuitardes était en effet extraordinairement gaie et intense, marquée par une formidable effervescence de groupes, mouvements, comités d'action et de soutien. Le féminisme tordait le cou au patriarcat. Ce qui avait été jusqu'alors motif de honte ou d'exclusion (avortement, homosexualité, emprisonnement, folie…) devenait la nature même d'un lien social.

À cette époque où la vie privée se plaçait au centre des débats publics, le FHAR, front homosexuel d'action révolutionnaire, valorisait la marginalité comme porteuse d'un discours plus authentique, donc plus radical et subversif. Mais le bouleversement que Navarre proposait était d'un autre ordre : écrivain militant animé d'un puissant désir d'intégration, il prônait le droit à l'indifférence plus que celui à la différence. Ses premiers romans avaient profondément modifié le paysage de l'écriture sur l'homosexualité (et j'éviterai ici les dénominations de « littérature homosexuelle » ou d'« écrivain homosexuel » qu'il haïssait lui-même profondément).

Loin de l'univers carcéral de Jean Genet et de la mythologie pédophile de Michel Tournier, évitant les scènes de sodomie et de torture du *Paysage de fantaisie* de Tony Duvert (prix Renaudot 1973) comme la préciosité allusive de Roger Peyreffite, il nous épargnait les auto-justifications et les demandes implorantes de reconnaissance de Jean-Louis Bory.

La force de ses textes résidait dans l'évidence d'une puissance amoureuse, d'une sensualité vibrante qui se magnifient dans l'intensité de la rencontre charnelle. Il fut le premier à affirmer avec éclat que l'homosexualité est une histoire d'amour avant d'être une affaire de sexualité, et que le désir fulgurant qu'elle génère impose un engagement sentimental absolu.

La France, sommeillant encore dans la léthargie bien-pensante du règne de Pompidou, avait découvert, stupéfaite, grâce à la participation de Navarre à la sacerdotale émission *Les Dossiers de l'écran*, ce qui semble aujourd'hui bien banal, qu'un homme musclé et viril, portant fièrement la moustache, pouvait non seulement « en être », mais affirmer haut et fort son droit à aimer et à être heureux.

Pourtant, heureux, il ne l'était pas, bien que possédant tous les stigmates du bonheur. Personnage provocant et scandaleux mais très intégré, concepteur rédacteur incontournable dans la publicité au moment de sa renommée naissante, il vivait dans un luxueux appartement des bords de Seine. Il était de toutes les fêtes et de toutes les premières, et fréquentait ce que Paris comptait d'écrivains, de couturiers, de comédiens, de princesses, d'artistes et d'intellectuels.

Étudiant en médecine, j'habitais une chambre de bonne et gagnais ma vie comme professeur auxiliaire de biologie dans une boîte à bac. Yves venait de subir sa première rupture amoureuse avec un jeune loup de la Comédie française. Il me proposa sa chambre d'amis, les fastes de sa vie et de ses sorties, une compagnie d'autant plus fascinante que la présence de ses premiers romans m'habitait particulièrement. Je ne me doutais pas alors que, d'une certaine façon, nous ne nous quitterions plus jamais.

Yves était un personnage terrible. Doué d'un extraordinaire pouvoir de divination, il savait sonder les moindres recoins de votre âme, dévoiler une volonté hésitante, mettre à nu une intimité blessée. Je sus qu'il m'avait percé à jour lorsque peu de temps après notre rencontre, alors que je ne lui avais pas encore parlé de moi, il risqua l'injonction suivante : « Cesse donc de chercher à retrouver en moi ton frère aîné… »

La vie était pour lui un univers de signes qu'il interprétait à sa manière, tantôt avec génie, tantôt avec une indicible souffrance. Je découvrais, stupéfait, derrière le personnage brillant, sarcastique et mondain, un être irrémédiablement détruit, profondément destructeur, à la limite de la paranoïa, qui écartait impitoyablement ceux et celles par qui il avait pu se sentir attaqué, piétinant parfois le soir ce qu'il avait adoré le matin. Son insécurité intérieure l'amenait paradoxalement à monopoliser la parole des heures entières, le plus souvent avec brio et drôlerie, mais au grand épuisement d'auditoires trop respectueux, séduits ou intimidés pour oser le contrer. Il paraissait ainsi d'un égocentrisme maladif, mais rien de l'autre ne lui échappait et ses capacités d'attention et de compréhension étaient hors du commun.

Marie Cardinal, qui venait d'obtenir un succès planétaire avec son ode à la psychanalyse *Les Mots pour le dire*, passait fréquemment, et, connaissant ma vocation pour la psychiatrie, essayait avec moi de le convaincre d'entamer une psychothérapie. Et même s'il nous raillait gentiment, il mesurait déjà à quel point son mal de vivre était intolérable.

Une anecdote : bien des années plus tard, alors que notre relation, comme toutes celles qu'il entretenait par ailleurs, se résumait à une succession infernale de ruptures et de retrouvailles passionnelles, je tombais sur lui par hasard, après plusieurs mois d'une brouille comme d'habitude incompréhensible. Victime d'un accident vasculaire cérébral en novembre 1984, il avait gardé de légères séquelles quant à la marche et à l'équilibre, et je n'aimais pas rester trop longtemps sans nouvelle de lui. Je venais d'avoir mon premier enfant, Louise, née par un hasard objectif le 24 septembre, jour anniversaire des 45 ans d'Yves. Quelques jours après la naissance de ma fille, je m'étais aperçu qu'un livre faisait la vitrine des librairies : *Louise*. Roman. Yves Navarre. Je lui demandai : « Peux-tu me donner une raison logique au fait que, sans aucune concertation entre nous, et au même moment, ma fille naisse le jour de ton anniversaire, que nous décidions ma femme et moi de l'appeler Louise, et que tu sortes un livre ainsi intitulé ? » Il me regarda sans malice, ses immenses yeux bleus embués de mélancolie : « Mais moi, dit-il, je trouve ça normal… »

Hanté par les souvenirs de son enfance, Yves projetait sur le monde un théâtre intérieur peuplé d'un père dictateur, d'une mère bafouée, de frères rivaux, d'amours interdits… Un passé cristallisé autour du secret, de la honte et de la dissimulation, dissimulation dont il a, sa vie durant, superbement cherché à s'affranchir et à aider les plus faibles à accomplir cet affranchissement. Car tous les adolescents homosexuels savent bien que ce qui est caché ne se résume pas à la seule fantasmatique sexuelle. C'est tout un champ de sensations, d'émotions, de désirs qui, parce qu'on ne peut les partager — et donc leur donner une validité —, ne pourront même plus être reconnus. C'est la capacité amoureuse qui risque ainsi de se trouver amputée. Combien de jeunes garçons ont pu, à la lecture de ses romans, affirmer leur fierté à désirer et à se sentir aimés ? Et pourtant, Yves aura passé sa vie à anticiper des ruptures qu'il mettait lui-même en acte…

Mais il avait surtout mal à sa mère. Cette mère de *Je vis où je m'attache* qu'une démence précoce avait très tôt réduite à l'état de petite fille débile et soumise, le hantait particulièrement. Profondément identifié à elle, il luttait comme un beau diable pour échapper à la puissance destructrice du patriarche et de ses fils aînés, mille fois mis en scène dans *Le Cœur qui cogne, Kurwenal* ou dans ce *Jardin d'acclimatation* qui devait, en 1980, avec le Goncourt, lui apporter la consécration.

Ce prix dont il avait toujours rêvé ne l'a cependant pas apaisé, loin s'en faut. La reconnaissance n'était jamais à la hauteur de ses attentes. De cette victoire-là, il ressassait, non sans humour, l'anecdote de son passage au journal télévisé de 20 heures de Patrick Poivre d'Arvor : « …et aujourd'hui, traditionnel déjeuner place Gaillon, c'est Yves Navarre qui l'a *enfin* emporté au septième tour avec son roman *Le Jardin d'acclimatation.* » Yves se demande : « Mais pourquoi dit-il *enfin ?* » et PPDA faisant pivoter son fauteuil : « Alors, Yves Navarre, c'est une victoire pour l'homosexualité ? » « Qu'est-ce que vous auriez répondu à ma place ? Mon éditeur, Henri Flammarion — le père — avec sa femme Pierrette regardait la télévision ce soir-là, et Henri dit à Pierrette : "Cent mille de moins !" »

« À défaut de prison, les êtres humains excellent dans l'art de créer des purgatoires », écrit Joseph à Roland dans les premières pages de ce *Petit galopin de nos corps* qui se déroule dans le pays natal d'Yves Navarre. C'est son septième roman publié (il avait écrit, avant *Lady Black*, dix-sept romans refusés par les éditeurs). Toute son âme est dans ce texte, toute la force amoureuse qu'il n'a su insuffler à sa propre existence. J'avais quitté son appartement quelques mois auparavant, première rupture de la longue série qui allait suivre. Il m'avait fait parvenir le livre, accompagné de ce petit mot, qui figurait dans le corps du texte et en quatrième de couverture : « *J'ai trop longtemps porté cette réponse en moi pour que je n'aille pas jusqu'au point où, toi à me lire, moi à t'écrire, nous nous sentions étrangement perdus, prêts à tout.* »

Une histoire d'amour unit deux hommes leur vie entière. Nous sommes en 1935. Joseph vient de mourir. Roland se met à l'ouvrage et rapporte sur un cahier ce que fut leur vie. Tous les matériaux s'enchevêtrent, les écrits de Joseph et les siens propres, les lettres et les notes échelonnées sur trente-six années : « deux œuvres incomplètes pour faire une œuvre à deux ».

Yves m'avait révélé la nature autobiographique de ce roman : il s'était étonné toute son enfance que personne ne lui parle de ses grands-pères, qu'aucune photo de son grand-père paternel ne soit visible chez sa grand-mère. Par petites touches, il recompose l'histoire de ce grand-père, Joseph Navarre et de son ami de collège qui avaient, comme ses héros, épousé deux sœurs. Cette histoire éclairait pour Yves la profonde aversion que son père, fils de Joseph, éprouvait pour l'homosexualité de son propre fils.

Biographique ou romanesque (mais Navarre lui-même détestait cette dichotomie), l'histoire du *Petit galopin* est grave, et mêle étonnamment impudeur et pureté. Au moment où la description des exploits sexuels tient souvent lieu de littérature, et après les années de plomb de l'épidémie, la réédition de ce texte nous fait mesurer le formidable pouvoir d'inspiration du lien charnel, et la puissance libératrice de la sensualité amoureuse.

Et parce qu'il y tenait tant, je lui laisserai ici, une dernière fois, le dernier mot (p. 175 de la présente édition) : « Ce que nous avons vécu, vit encore, et vivra en marge de toute morale et de toute loi, là où les êtres humains acceptent d'être ce qu'ils sont et ne s'en contentent jamais. »

SERGE HEFEZ

LE PETIT GALOPIN DE NOS CORPS

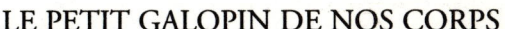

Première lettre de Joseph

« Saint-Pardom, le 20 juin 1899
Cher Roland,
Que la route était belle, ce matin, avant l'aube. J'écoutais mon pas. Je guettais le tien. La distance qui nous sépare est devenue intimité. Il m'est urgent, ici, de retour dans cette maison où ma mère ne règne plus, comme si la mort avait d'un coup net effacé toute une vie, que je te dise l'extrême calme de mes sentiments, la sérénité de mes tourments, tout ce qui se cristallise en moi : ta présence. Je veux, pour cette lettre, prendre le temps du temps, prendre le temps de tout et surtout te demander de ne jamais rien effacer en toi de ce qui est nous. Les lettres, comme le cœur, se déchirent. Le cœur est plein d'oubliettes. Pardonne-moi ces images. Je sais que tu ne les aimes pas.

Me faudra-t-il, en préambule, te raconter l'enterrement ? Sache que tout s'est passé hier, très tôt le matin, à la sauvette, dans une chapelle latérale de la Cathédrale Saint-Pierre. Le docteur Rigand, je devrais dire mon père, a envoyé une belle gerbe, la plus belle : il n'y en avait qu'une. Des roses rouges serties dans une couronne de feuilles sombres et pointues. Une gerbe qui pique. Ma mère n'aimait pas les fleurs coupées. Rigand a donc su, jusqu'au dernier signe, humilier celle-là qui nous fut étrangère tant on s'acharnait à lui reprocher sa faute, l'accusant de son fils naturel : moi.

Il y avait là grand monde. Nous étions cinq. Le curé de Castelnau car l'archiprêtre a refusé, prétexte, de se lever si tôt, le gardien du cimetière, deux acolytes pour le port du cercueil et l'auteur de cette lettre. Ah, j'oubliais quelqu'un : toi ! Tapi au plus profond de moi-même. Souris de ce que je vais te dire : le sentiment que j'ai pour toi me modifie chaque jour. Écoute.

Ma mère, cette femme qui ne put, puis ne sut que me cacher, sa vie durant, était donc là, allongée, dans une boîte sans ornements et sans poignées, comme elle l'avait souhaité. Simple couche pour une douce dont même le dernier regard m'aura été ravi. Le Père Supérieur m'a prévenu avec un après-midi de retard. Il voulait, m'a-t-il expliqué, m'annoncer la « triste nouvelle » le soir tombant, et le soir seulement. Que de manières ! Quelles précautions ! Ah, ces curés, ils déforment tout. Aussi me fut-il difficile, de nuit, de regagner notre bonne ville. De parcourir ces dix-sept lieues dont nous connaissons les moindres détours et carrefours, nos vallons, ces crêtes courbes que tu te plais si souvent à comparer aux corps de femmes allongées. Oh, je n'étais pas « triste ». Je voulais voir ma mère, une dernière fois, comme une première fois. C'est tout.

À Larressingle, j'ai quitté une carriole pour surprendre Antoine Surrellac de retour de chez sa belle Jézabel. Il m'a reconnu. Et hop! Son tilbury à vive allure! J'ai cru que nous allions verser trente fois dans le fossé. Pleine lune. Il chantait en fouettant ses deux petits chevaux arabes. Je ne lui ai pas annoncé la nouvelle du décès. Il m'a laissé devant le portail de Saint-Pardom. Alors seulement, il m'a parlé, et d'une voix trop haute, il m'a dit « Tu ne vas pas te laisser rattraper par la soutane! Cloporte, toi? Jamais! » Et il est parti en riant.

Quand je suis entré dans le salon, on avait déjà cloué le cercueil. Le curé de Castelneau avait veillé ma mère avec Noellie. Il m'a simplement dit: « Il faisait si chaud. Nous ne pouvions plus attendre. C'est pour ce matin. » Voilà mon Roland. J'ai trouvé que le cercueil était tout petit. Je n'ai pu que me contenter d'imaginer ma mère, dedans. Noellie avait déjà fait ses bagages. Elle est rentrée chez elle, à Tressens. Sans tarder. Elle n'est même pas venue à la messe. Ni au cimetière. Elle m'a demandé le châle qui couvrait le piano. En souvenir. Mais rien d'autre. Et surtout pas ses gages. « On ne fait pas payer les morts », m'a-t-elle jeté en me tendant une main nouée, déformée comme un cep de vigne. Une main domestique. Et puis adieu. Elle n'a même pas voulu que je porte sa valise jusqu'au portail. Son fils l'attendait. Il n'osait pas entrer. Avec le jour, un vent chaud s'est levé.

« Cloporte… » « C'est pour ce matin… » « Payer les morts… » Voilà que les paroles des autres me surprennent. Comme si brusquement le monde m'appelait de l'extérieur et me confrontait à d'étranges rites verbaux. Ils souriaient tous, en me parlant. Le sourire conquérant de Surrelac, ce vieux beau aux allures de mousquetaire. Quel genre! Le sourire béat du Curé se retournant vers le cercueil pour dire les mots du Requiem. Mais oui, qu'elle repose enfin en paix cette femme qui a su rester fidèle au lieu de sa vie et de sa passion. Est-ce là matière à ironie et béatitude? Le sourire de Noellie, enfin, l'autre tranchant de son sourire. Comme une revanche. Tant d'années à servir celle que la ville montrait du doigt et qui n'osait plus sortir de chez elle. Le portail de Saint-Pardom est-il si lourd?

À défaut de prisons, les êtres humains excellent dans l'art de créer des purgatoires. Ce qui punit les uns, pare les autres. Cela m'a convaincu définitivement d'une chose: je ne prononcerai pas mes vœux. Cloporte, moi? Je veux vivre la vie. Aussi aurai-je l'audace de te dire que je t'attends. Moi, Joseph. Ton ami. C'est notre monde à l'envers n'est-ce pas? Lancinants furent tous tes appels d'adolescent. Tes premières lettres auxquelles je ne répondais jamais. Ces mots que tu glissais sous mon oreiller au dortoir du collège. Je feignais dé ne pas les avoir trouvés. Tous ces poèmes que tu écrivais pour des jeunes filles et qui je le savais, je le sais, m'étaient et me sont toujours adressés. Tant d'années passées ensemble, tant d'élans, de silences échangés!

À me taire, sans doute te sondais-je. Sûrement voulais-je arriver à ce point d'abandon qui est seul point de saisie de notre être, là où l'on admet l'inadmissible. Où l'on oublie les vanités morales. Celles-ci qui condamnent ceux qui s'aiment. Celles-là qui tentent de rompre ce qui est un. Ce matin, mon pas était le tien. J'écoutais mon pas comme le tien. Nous étions ensemble. Dans la même paire de galoches cloutées. Souris, ami!

J'avais six ans quand je t'ai vu pour la première fois. C'était la rentrée des classes. La première chose que tu m'aies dite : « Moi, j'ai six ans et demi. » Et demi! De l'avance sur moi? Tu recevras cette lettre le jour de mon anniversaire. Vingt-deux ans! Joseph a vingt-deux ans. Il revient chez, lui. Toi, Roland, fils de l'hiver, tu as vingt-deux ans… et demi! Et tu vas passer ton examen des Sciences Politiques! À Paris! Il y a deux saisons entre nous. Moi, fils de l'été, je taisais tout tant tu me comblais. Et toi, fils de l'hiver, qu'il m'est doux de le répéter, doux et dur à la fois, tu me disais tout ce que j'aurais dû te dire. Tu auras toujours deux saisons d'avance sur moi.

La messe fut courte. Cette narration importe. Car je ne te parlerai jamais plus de cet événement de ma vie. Le gardien du cimetière et ses deux acolytes ont porté le cercueil avec des cordes. Le curé de Castelneau m'a dit qu'il était trop tôt pour sonner le glas. Et c'est dans notre ville déserte et silencieuse que j'ai suivi le corbillard, avec sa caisse blanche et sa gerbe rouge. Volets fermés, partout. Notre ville a fait la grasse matinée pour dire adieu à ma mère. Et ça fait un bruit fou et grinçant les roues d'une carriole, à cette heure-là, écrasant lentement les pavés de la Grand-Place, de la Promenade, puis du boulevard de Gesles. Tu comprends

21

maintenant. Nous sommes passés devant la maison de Rigand. J'ai fait signe d'arrêter. J'ai pris la gerbe. Le Curé a voulu me retenir. « Pas ça, Joseph ! » J'ai déposé la gerbe sur le perron de la maison de mon père. J'ai rendu à mon père l'hommage qu'il portait à ma mère. C'est naturel…

Petit cercueil. Le tout petit cercueil ! L'enterrement d'une poupée. Et mon nom, le nom de ma mère, en grand, gravé dans la pierre du caveau de sa famille « TERREFORT ». L'ombre sombre du dedans. Toutes ces caisses noires. Et voilà qu'à t'écrire, mes phrases se coupent et se cassent. Un autre langage pour te parler. Le langage ? Voilà aussi que je ne ressens d'émotion qu'à te narrer l'événement tant la réalité de cette matinée me parut cérémonieuse, presque ennuyeuse.

Castelneau est reparti piqué au vif, me priant sèchement de transmettre son respect au Supérieur du Collège. J'ai donné quelques sous au gardien et à ses acolytes, et je suis resté seul devant le caveau, ma mère devant moi, la ville dans mon dos. Tant de regards derrière les volets et les jalousies ! Quand j'ai fait le chemin inverse, quand je suis revenu boulevard de Gesles, la gerbe mortuaire n'était plus sur le perron de Rigand.

Voilà, Roland. J'ai eu beau hier laisser le portail grand ouvert, personne n'est venu. Je ne souhaitais d'ailleurs pas vraiment ces visites. Je voulais seulement être sûr qu'on ne me les rendrait pas. J'ai passé ma journée de pièce en pièce, à découvrir cette maison que je ne connaissais pas vraiment tant il me fut quasiment

interdit d'y séjourner pendant ces vingt-deux premières années de ma vie. Cette maison que tu ne
connais pas non plus tant il était inconcevable que tu
rendes visite à la mère de qui en fait n'existait pas. De
qui, recueilli par les bons Pères, deviendrait bon Père
à son tour. La soutane fait oublier bien des fautes dans
l'esprit des gens de notre ville. On voulait donc me
gommer du monde où je reviens, ce matin. T'écrire ou
te tatouer ! Que cette lettre nous marque. Il y a des
temps de vie qui sont d'encre indélébile. Et des regards
qui ne s'effacent pas.

Quand je pense qu'on nous a appris à compter avec
des cierges et non avec des billes !

Et ce glas, si on l'avait sonné, m'aurait parlé de toi. De
ton père grimpant au clocher de la Cathédrale Saint-
Pierre le jour du plébiscite du petit Napoléon pour
sonner la mort, se faire arrêter, juger, condamner et
déporter à Cayenne. Voilà aussi qui nous réunit quand
nous sommes déjà profondément unis : ton père et ma
mère, deux honnis par lesquels nous avons déjà purgé
la peine d'être ce que nous sommes. Et nous n'en
finirons jamais de devenir ce que nous sommes.

Oui, je suis à Saint-Pardom. Un jour prochain, tu
seras à Copeyne. Nous serons là. Dans notre ville.
Ensemble. J'irai là où tu seras. Tu viendras là où je
serai. Ton Copeyne deviendra peut-être la campagne
de mon Saint-Pardom. L'hiver ici, l'été là-bas. Je te dis
tout, tu vois. Je fais de terribles projets d'avenir. Je
réponds d'une seule lettre à tous les messages que tu

m'as adressés de Paris, auxquels le Père Supérieur m'or-
donnait de ne pas répondre, et auxquels je m'interdi-
sais au plus profond de moi-même de faire écho tant
j'aurais souhaité que tu te détaches, que tu te libères de
moi, inquiet de nous savoir si solidaires l'un de l'autre.
Mais au seuil de ce siècle, que nous reste-t-il de plus
fort? Et pour combien de temps encore?

Crois-moi, rien de cet à venir n'est écrit. Quand nous
disparaîtrons tout sera encore en train de s'écrire.
Nous avons une vie devant nous pour faire exploser le
sens de toutes choses, le sens de chaque instant. Rien
ne s'achève. C'est un inachèvement que je te propose
puisque tu n'as jamais cessé de me le suggérer.

Regarde Paris-la-Dominante et reviens-moi vite.
Reviens-nous! Fais là-bas une dernière fois l'inventaire
des codes et des modes. Vole-leur ton diplôme, achète
une charge, peu importe la rente pourvu qu'elle te pro-
cure une indépendance. Reviens là où tu es: ici, l'inventaire est infini. Jamais les vents du soir n'ont été
aussi précis dans leur insistance à nous revoir. Jamais les
eaux de la Verse et celles de la Gesles n'ont aussi bien
lissé leurs algues pour nous inviter à l'ébouriffement
des balades. Jamais l'herbe ne fut aussi douce et drue.
Jamais la pierre de notre ville n'a fleuré aussi net le parfum de la paille et du grain, du soleil et de toi. Tout
s'écarte pour nous recevoir. Le Père Supérieur n'avait
pas tort d'attendre le soir tombant pour essayer de
m'émouvoir. Je suis, par toi, entré chez eux par la porte
de sortie, celle de derrière les sacristies quand on n'a pas
arraché les orties. Lettre, ô longue lettre qui livre tout

pour ne rien délivrer. Jamais l'encre ne m'a paru aussi nette, et la plume aussi franche. J'ai trop longtemps porté cette réponse en moi pour que je n'aille pas jusqu'au point où, moi à t'écrire, toi à me lire, nous nous sentions étrangement perdus, prêts à tout.

L'Énéide, souviens-toi, ce vers de la quatrième églogue « Magnus ab integro saeculorum nescitur ordo ». Il recommence le grand ordre des siècles ! Tout me dit et me dicte que nous sommes là pour l'ultime désordre. Demande à Paris ! On y invente ? On détruit !

Que la route était belle, ce matin, avant l'aube. J'écoutais mon pas. Je guettais le tien. Nous n'aurons besoin d'attentions que celles que nous nous échangerons. Nous n'aurons de célébrité que l'image que chacun de nous renverra à l'autre. N'est-il pas de plus vaste territoire que le mien pour toi, le tien pour moi ?

Je laisserai le Père Supérieur à son Collège de biscuits secs et de cancrelats. Cette fois, l'image est de toi. Et curieusement, à me relire, je me surprends à te demander pardon au sujet de ces images qui sont comme la mauvaise herbe de mon discours. Pardon ? Je laisse cela aux simulacres, aux morales qui se prétendent ouvertes et dont chaque précepte enferme l'être, étouffe l'autre. L'âme est ainsi faite que rien ne peut la limiter. Son champ d'action et d'inspiration est toujours en avance d'une avant-garde. Elle est cet éclaireur du corps et ne peut s'exprimer que par le corps. Son allance ! Inventerons-nous des mots ? Il le faut !

Quand tu recevras cette lettre, j'aurai déjà fait l'aller et retour à l'Usine du Sacré-Cœur de Jésus, fabrique de Bonne Conscience. Je leur dirai l'essentiel : je n'appartiens qu'à moi. Il n'y a de terre plus féconde que soi-même. Il n'y a de saisons plus vibrantes que celles que l'on accueille, à corps gagné, tant il est important de jouir de chaque geste, d'étreindre chaque pensée.

Voilà. Un double glas rythme cette lettre, lui donne sa mesure profonde. Que l'intimité de ces mots classe en terme de réussite possible, d'éternelle modification réelle de l'un par l'autre, ce que les autres épinglent, impuissants, du mot d'utopie. Hugolienne sera ma manière de te dire que s'il n'y en a que deux, nous serons ceux-là.

Saint-Pardom est une belle demeure. Elle a une fierté bien du Midi. Une fierté sans grandeur. Il n'y a a de pièces ici qui ne sentent la cire douce et l'histoire. Cette maison carrée, bien plantée, avec son étage unique, ses combles encombrés de malles et de dossiers, a le parfum fuyant de ce qui ne sera jamais bourgeoisie. Encore moins aristocratie. Non, rien de ceci, rien de cela. Mieux encore, ni dans la ville ni dans la plaine, je me sens à Saint-Pardom merveilleusement à mi-chemin de tout. C'est un lieu idéal pour être soi-même et ne sacrifier jamais à quelque culte que ce soit. Tout ici est briqué, astiqué. Comme si ma mère avait employé sa vie à caresser les moindres recoins de son refuge. Elle me livre ainsi, intact, l'héritage de ses parents. Je voudrais tant écrire « …et ainsi de suite ». Car nous prendrons femme, toi comme moi. Sans jeu et par élan. Nous les choisirons dures et douces à la fois, à mi-chemin de tout, elles aussi. Peut-être plus près de la ville que du côté de la plaine. Nous leur donnerons tout ce que des femmes sont en droit d'exiger de leurs époux. Mais jamais elles ne perceront le secret de notre œuvre à deux. Tu vois, je reprends par bribes certaines de tes phrases. Je n'ai rien oublié de ce que tu m'as écrit. De ce que tu as pensé. Je capitule.

Il m'aura fallu la mort de ma mère pour m'inviter ainsi au plongeon de la vie. Aujourd'hui. Merci.

Et puis, il y aura les voyages. Il faudra bien que nous parcourions le monde pour nous rendre compte que nous ne sommes en fait que des touristes de l'intérieur et qu'il n'y a de plus immense pays que celui qui nous a jetés au monde.

Je ne me suis pas rasé ce matin. Je veux porter moustache, comme toi! Et si tu dois me rapporter un cadeau de Paris, choisis des partitions de piano. L'idée de déchiffrer ici des musiques autres que celles des mots n'est pas sans éveiller en moi un désir, comme une jouissance à venir. Mais n'opte pas pour les œuvres complètes (!) de tel ou tel poète célébré par les académies ou les anti-académies de la Capitale. La poésie est affaire entre soi et soi. Elle demeurera combat, entre nous.

Si mes calculs sont bons, tu arriveras dans treize jours. Je viendrai au-devant de toi, à Cazauban, comme tu me l'as proposé. Mais je n'aurai plus de permission à demander qu'à moi-même. Je suis désormais mon Père Supérieur.

L'été sera brûlant dit-on. Et nous aurons fort à faire puisque, face à face, nous devrons confronter notre désir. Toi en rupture de Paris, moi en rupture de soutane. Nous laisserons derrière nous une pute et un Dieu.

Allons, je plaisante. L'idée de ta voix me hante, un peu comme si je t'entendais lire la lettre que je t'écris. Mais ne m'as-tu pas toi-même écrit les mêmes choses ? Je me perds en toi. Tu es doigt de mes doigts, regard de mes regards, pas de mon pas. Oui, la route était belle, ce matin ! Je te cherchais partout. J'ai fait le tour de la ville, et tu étais là en moi, tout habillé de moi.

Les villes ont des dents. Elles ont aussi des lèvres. Je sais que tu te méfies de Paris. Et moi, je te parle, te défie. Enfin, je réponds !

Tibi.
Joseph. »

Premier jour

Qu'il me fut doux de recopier sur ce cahier la première lettre de Joseph. Mon écriture endossant la sienne. Revivre tout cela et le vivre. Voici notre vie. Le petit galopin de nos corps. La suite ? À moi Roland de l'écrire. C'était le 7 janvier 1901. J'ai noté sur un carnet de voyage « Taormina. Chaque fois que nous visitons un temple, un champ de fouilles, un monument ou une église, Joseph me devance d'un pas. Comme s'il voulait m'écarter de son champ de vision. Alors, je m'arrête. Il continue, seul fasciné par tout cela que nous avions lu mais n'avions pas vu. Comme si la réalité de ces pierres en chaos, ou bien debout, était plus surprenante que nos imaginations d'enfant. Bientôt, il se retourne. Assis derrière une colonne, ou bien caché dans l'ombre d'un transept, j'attends son appel. Sa voix éraillée. Grave. Mon nom. Roland ! Et cela m'est tantôt fraîcheur au soleil, ardeur à l'ombre. Joseph me devance. Il crée entre nous, constamment, des distances qui sont autant affection que violence. Une interrogation. »

Voilà donc ce que j'ai retenu par le tissu, la fibre dure des mots, la naïveté de mon émotion, de ce jour, avant que l'incident survienne. Incident grave puisque le carnet de ce voyage s'arrête là. Suivent ensuite des pages blanches, comme hâlées par le temps, gondolées par l'extrême sécheresse des tiroirs que l'on ferme à double tour, et que j'ouvre ce soir, de nouveau. Grand jour ! De tout cela qui fut notre vie il ne reste donc que le poignard de ces notes, une continuité faite de bribes. Le présent même de la narration qui va suivre, deviendra, le dernier mot écrit, passé révolu, fous que nous sommes de fabriquer du passé quand ce n'est pas de l'Histoire, avides de laisser une trace quand bien même le principe de l'union de deux êtres est de ne point marquer. Toujours est-il qu'aujourd'hui, 12 mai 1935, j'entreprends de narrer le fait de ce jour passé, comme présent ou à venir, puisqu'il devait par la suite s'ancrer en nous et au plus profond de chacun de nous deux, bouleverser, tourmenter, jeter des au secours sourds.

Révolu est contenu dans révolution. Il en est le début. Ces jours-là de janvier, à Taormina, le ciel était bas, l'air était vif, la mer nerveuse et sombre. Nous avions pris pension en dehors de la ville, Viccolo della Palomba, une ruelle proche du vieux port. Sitôt rentrés de nos visites et promenades, à peine rafraîchis par l'eau des jarres que nous nous versions tour à tour sur les épaules, les pieds dans des vasques de porcelaine, vite séchés par ces serviettes rugueuses que nous nous tendions pour nous réchauffer, nous nous habillions, pour le soir, de batiste et de laine, et nous descendions vers le port, puis la jetée pour observer la mer, au couchant, et ceux des pêcheurs qui se hasardaient à lancer leurs filets à moins d'une lieue, au large. Nous guettions alors les prises, le miroitement des poissons à la levée des nasses et des lignes, jusqu'à ce que la nuit nous encercle.

Sandro est devenu notre ami. Le premier jour. Dès notre arrivée. Comme s'il nous avait guettés à la descente du courrier. Mais il me faut pour narrer cela le présent indicatif. Non pour créer une éternité, mais pour respecter ce qui en fait vibre, frissonne, n'en finit pas de frémir. Souvenirs : ces boîtes frétillantes d'insectes qui se chevauchent et se reproduisent dans une nuit qui est leur jour. Et voilà qu'à mon tour, je croque de l'image !

Sandro vient vers nous, souriant, le cheveu fou, l'œil vif, main tendue. Il nous surprend en flagrant délit de rigueur et de raideur. Nous ne sommes, après tout, que deux voyageurs anonymes guindés de timidité. Pourtant, c'est nous qu'il choisit. Il y a dans son regard une connivence amicale, comme un passé de rapports partagés, une longue attente enfin sanctionnée par une étreinte. Nous nous prêtons à son jeu, ou du moins à ce que, dans un premier temps, nous considérons comme ludique : nous lui serrons la main. Il éclate de rire. Ou bien de joie. Il a la main large, empoignante. « Shake-hand » dit-il en nous prenant pour des Anglais. Joseph lui explique que nous sommes natifs du Sud de la France. Tout ceci dans un italien qui tient plus du latin que de la langue officielle. Sandro regarde

Joseph, me regarde. Tour à tour, il nous prend la main, à deux mains. Main portante du dessous, et main couvrante du dessus, ses mains à plat comme pour d'un geste inhabituel, accueillant, nous indiquer qu'il nous guidera. Ce premier geste résume tout.

Sandro nous conduit au Viccolo della Palomba, chez sa grand-mère qui, dit-il, loue des chambres aussi belles que celles des notables. Il porte nos valises. Hume l'air et nous conseille de le respirer. Nous nous approchons de la mer. Il sifflote. Nous le suivons, puis nous l'encadrons. Instinctivement, je retire mon manteau de voyage. Sandro sourit. Est-ce pour ce sourire que, depuis, je n'ai jamais fermé les boutons d'aucun de mes manteaux, même face au froid le plus vif? Ce manteau, tribut, était de trop. L'hiver sicilien est doux. Sandro, en chemise, avant-bras nus, semblait me narguer. Je me sentais comme déguisé. Et lui, plus en accord que moi avec le vent serpentant, levant les poussières grises des ruelles, gonflant sur les toits de grands draps blancs. Joseph aussi retira son manteau. Nous échangeâmes un regard complice. Sandro venait de gagner une part profonde de nous-mêmes. Peut-être allions-nous enfin apprendre à voyager.

Sandro fait claquer les volets de notre chambre. Sandro se jette sur le grand lit et se fait rebondir de tout son long, de tout son corps, en vantant la qualité de la couche. Puis devant notre gêne, il se redresse, remet en place drap, couverture et oreillers, sans un pli, au carré. Joseph s'approche de la fenêtre. Il m'évite. Je souris faiblement à Sandro. Il a compris: un seul lit.

Une obligation pour Joseph et pour moi, un hasard pour nous guider, nous conduire? Sandro fait une moue, hausse légèrement les épaules. Sans doute nous croit-il hypocrites. Je lui souris de nouveau. Son regard étonné me désarme. Il a seize ans à peine. Nous sommes jeunes aussi, Joseph et moi. Toutes ces maladresses sont notre langage, un langage silencieux auquel Sandro participe en ouvrant nos valises et en rangeant précautionneusement nos vêtements. Je me souviens du bruit grinçant de la porte de l'armoire, des gestes précis de Sandro, du regard échangé avec Joseph quand il s'est retourné, un regard amusé, comme une blessure. Et quand Sandro, valises vides, armoire refermée, est allé chercher des serviettes et remplir les jarres, Joseph s'est approché de moi et a murmuré « C'est à prendre ou à prendre. Pas d'alternative... »

À narrer tout cela, le présent qui indique sied à Sandro, mais toute notation virant à Joseph et à moi-même me fait basculer dans un passé composé, trop composé peut-être quand il s'agit pour moi, ici, espoir sensé, de faire exploser le sens de ce que nous avons vécu ensemble.

Sandro retire sandales et chemise. Pieds nus, torse nu, vêtu d'un seul pantalon court, il pose à terre les jarres et les vasques. Il dispose les serviettes sur une chaise, et sans que nous lui ayons demandé quoi que ce soit, il attend, un cube de savon à la main, un gant de l'autre. Cette fois, je renvoie à Joseph: « À prendre ou à prendre. Pas d'alternative! »

Étrange rite auquel nous nous soumettons comme des enfants. Or, trois décennies plus tard, je me surprends à parler d'étrangeté quand il ne s'agissait que de spontanéité. Il était onze heures du matin. Nous avions passé une nuit pénible dans un coche bondé d'hommes, de femmes, d'enfants et d'animaux de toutes sortes, le tout bavardant, pleurant, chantonnant, piaillant. Le jour levant, tant nous étions serrés les uns contre les autres, nous avions même eu du mal à entrevoir par la portière les pentes de l'Etna, deviner à l'horizon, la mer. Sandro venait de nous rendre à nos mouvements et à nos corps. Et pour ce célébrer, il invitait au baptême de l'eau.

J'eus alors, ayant posé mes vêtements à plat sur le lit, la tête bourdonnante, m'interdisant de juger de la situation en termes amusés, l'impression de me voir nu et de voir Joseph nu pour la première fois. Pourtant, au Collège, hiver comme printemps ou automne, combien de fois nous étions-nous douchés côte à côte, nous aspergeant, dégoulinant de cette eau plate que Joseph appelait l'eau jésuite, une eau trop bénite ? Mais là, triangle, Sandro nous regarde. Je découvre Joseph tout comme, le regard droit, presque étonné, il découvre mon corps en son entier, grandi. Abouti ? Comme si sorti d'un étrange cocon, adultes de vingt et quelques années, nous pouvions enfin nous toiser, mesurer la démesure de nos corps, tout ce que des années de marche, de lutte, de fugues et de balades avait sculpté à cœur, à même notre peau et au plus répondant de nos muscles. Tout un dessin de l'un et l'autre que Sandro, amuse par une gêne que nous pouvions à peine masquer, découvrait avec nous.

Chacun dans notre vasque, nous nous sommes laissé verser cette eau qui avait une autre teneur. Une fraîcheur neuve. Eau partagée.

Sandro pose la première jarre, savonne Joseph de dos puis, de face, écartant les mains, découvrant le sexe. Mon regard se pose sur les hanches de Joseph, leur courbe nette, les épaules, les attaches des mains, la nuque. Tout cela est donc lui ? Ce tout me surprend et m'appelle. Sandro se tourne alors vers moi. Il fait signe à Joseph de se frotter, de faire mousser. Sandro me savonne de dos, puis de face. J'écarte mes mains, découvre mon sexe. Sandro me regarde en souriant et me frotte vivement. Il recule d'un pas. Me fait signe de faire mousser, moi aussi. Puis tour à tour, Sandro soulève nos bras, frotte nos aisselles avec son savon. Il sifflote encore, nous interroge « Piacere ? ».

Puis il s'empare de la seconde jarre et nous rince, par petits jets, en veillant à ne pas trop éclabousser le sol. Il place enfin des serviettes sur nos épaules et nous frotte vivement, et l'un, et l'autre. Pour, acte dernier, prendre deux autres serviettes et à genoux devant les vasques, nous essuyer les pieds. Joseph a rougi. Moi aussi. Sandro jette les eaux sales dans un grand broc. « Scusi. » Il sort. Joseph jette sa serviette mouillée sur la chaise. Je l'imite. Joseph serre les poings et, à distance, pour jouer, se met en position de boxeur. Je l'imite, en garde. Nous rions. Peur d'une évidence ?

Sandro nettoie le sol et les vasques. Il va et vient, revient avec des jarres pleines qu'il place sur la table de toilette avec des serviettes propres. Ni Joseph ni moi ne nous sommes rhabillés. Tout est rangé, propre, comme avant. Les bras croisés, Sandro nous observe longuement. Il baisse les yeux. Croise les pieds. Se frotte les orteils, puis il se retourne, s'approche de la porte, tire le verrou intérieur, se dirige vers la fenêtre et ferme les volets. « Prego… » Il nous sourit. S'approche du lit, retire son pantalon et s'allonge, nu, bien au centre, la tête entre les deux oreillers, les mains derrière la nuque « Siamo amici, vero? ».

Joseph et moi nous sommes regardés. Lequel des deux répéterait « C'est à prendre ou à prendre » en premier? Mais tout de cette relation des faits survenus les 5, 6 et 7 janvier de la première année de ce siècle ne doit pas être entendu en termes pittoresques. Ce qui nous arriva, ce premier jour et les jours qui suivirent, ne fut en fait qu'une mise à l'urgence d'un échange, choc des corps, ces immenses sexes.

Interdits, distants l'un de l'autre et distants du lit, nous nous observions. Nous écoutions les bruits du dehors, le vent frappant, les passants du Viccolo, les douze coups de midi, répétés comme en écho aux clochers de plusieurs églises, puis un pas feutré dans le corridor de la pension. La grand-mère? Sandro nous fait signe de nous approcher. Je fais le premier pas. Joseph nous rejoint. Allongés tous trois, sur le lit, tremblants, ou bien violents, nous nous sommes heurtés.

Et à cet instant-là, vraiment, a commencé le voyage. Tous les voyages et toutes les aventures. Tout le reste ! Une nouvelle vie oblitérant l'autre. Sandro avait la peau de la mer, brune et salée. Je le revois : il embrasse Joseph en premier, les yeux grands ouverts. Il force Joseph à ouvrir les siens. Puis d'une main, dans son dos, il me force à plaquer mon visage contre son buste. J'écoute battre son cœur. Cœur battant. Fort. Sourdement. Comme si toute la terre s'était mise à cogner en ce point. Et sur les lèvres de Sandro, j'ai trouvé l'empreinte des lèvres de Joseph. Ce fut notre premier baiser.

À découvrir nos corps, nous venions aussi d'embusquer l'inachèvement de toute certitude, la totale apparence de tout ce qui paraît établi. Nous avons joui, tous trois, sans même nous toucher. Et pour cette première étreinte jamais mes lèvres, ni mes mains, ni mon corps n'ont frôlé Joseph. Entre nous, cambré, s'offrant à l'un et à l'autre, Sandro nous écartait l'un de l'autre pour, qui sait, nous rapprocher. Et toujours, entre nous il y aura le corps de celui-là, Sandro Prego, Mister Shake-Hand, Siamo Amici, tous ces noms que nous inventerons à la mémoire tragique de ce compagnon.

Et si j'annonce cela tragique, c'est pour ce qui se passa après la prise des dernières notes de voyage. En quelque sorte, les pages blanches.

Sandro nous essuie. Il rit, m'embrasse le ventre, ceint la serviette maculée autour de ses hanches et se dirige vers la fenêtre, fait claquer les volets et crie en tapant de ses poings la rambarde. Un cri rauque, comme pour alerter le ciel et le vent, les yeux clos, visage renversé. Plus tard, sur le port, en déjeunant, Sandro fait l'inventaire de tout ce qu'il va nous montrer dans les jours à venir. Combien de temps resterez-vous, demande-t-il? Nous répondons « quelques jours… » sans préciser. Et en haussant les épaules, il murmure « Sempre ». Sandro, Sempre!

Pendant deux jours, deux nuits, nous n'avons de cesse de le suivre partout. Le mot de « stranieri » semblait ouvrir toutes les portes devant nous. Sandro sait tout de tout. « Qui te l'a dit? » Il ne répond pas. Il croise les doigts, majeur sur index, à chaque main, comme pour conjurer un sort. Et le premier, comme le second soir, au moment de nous quitter, il nous dit « prego » et il nous suit dans la chambre. Lui-même prépare le lit, tire le loquet, ferme les volets. À genoux au milieu du lit, entre nous, face à nous, belle quinconce, il nous observe, nous saisit des deux mains, puis s'allonge sur le ventre, le visage plaqué au drap en grognant « Tutto ». Répétant « Tutto ». Tout?

Le troisième jour, comme chaque jour à l'heure de fin d'après-midi, nous allons guetter Sandro du bout de la digue. Il nous a promis un poisson merveilleux qu'il va pêcher pour nous, nous trois, pour le dîner. En sortant du port, debout à l'arrière de sa barque, il nous adresse de grands signes. Le ciel est bas. Le vent du sud est chaud. Un vent impulsif, changeant. Tantôt frisant l'écume, tantôt plongeant. Joseph me fait remarquer que Sandro est le seul à sortir du port. Aucune barque à l'horizon. Sandro, unique maître à bord, tire une voile, fixe le gouvernail, amarre l'écoute et crie nos deux noms, éclats de voix. Il se penche, saisit les filets à deux mains, les jette par-dessus bord. Le vent vire brusquement. La barque se retourne. Joseph se lève « Sandro! ». Je me lève à mon tour. Je prends Joseph par le bras. Il se dégage de mon emprise. Il n'y a plus que la coque de la barque, ballottée par les vagues. Et rien, rien, pas un visage, pas une main. Ai-je pensé un instant que Sandro restait sous l'eau pour nous faire peur? Je me suis mis à courir de rocher en rocher pour approcher de plus près la mer. Vent tournoyant. Comme une tombée du ciel, une chute des nuages. Combien de fois avons-nous appelé notre ami, impuissants, combien? « Mais qu'attendent-ils… »

Deux autres barques viennent enfin au secours, harponnent la coque et la traînent. Sandro n'a pas reparu. Nous revenons au port. Joseph répète « Il est dessous, dessous, il respire… prisonnier, c'est tout ». Mais quand, à bout de souffle, nous atteignons le quai, des hommes plongent, disparaissent, réapparaissent et adressent aux autres pêcheurs le signe du malheur. Harpons, cordes, on retourne la coque, et dans le creux immergé de la barque, flotte le corps de Sandro, lié aux filets, poignets en sang. Une femme, près de nous, explique qu'il n'est pas mort tout de suite, qu'il a frappé, battu la paroi de la barque. Elle cite des noms, d'autres noms. D'autres femmes affluent et se signent. Les hommes hissent le corps de Sandro et le déposent sur le quai. Par respect, nous nous écartons. Et lorsque, par élan, je veux revenir au plus près, Joseph me retient. Joseph m'a tenu ainsi longuement, fortement. Jusqu'à trembler. Et quand il m'a lâché, je l'ai saisi à mon tour. Nous sommes restés là, à distance, jusqu'à ce qu'on emporte le corps de Sandro. Il fait nuit tôt, en janvier.

Oui, la nuit est tombée lourdement, d'un coup, ce soir, 12 mai 1935, trente-quatre ans plus tard. Quand Sabine mon épouse est rentrée à Saint-Pardom, sa sœur Clothilde a feint d'oublier toutes les querelles qui depuis des années les opposent. Clothilde, devant sa sœur, m'a demandé de fermer une dernière fois les yeux de Joseph. Sabine a souri. Elle seule n'a jamais eu peur de la mort. Elle seule, peut-être, ne donne aucun sens à sa vie. Je me suis approché du lit. J'ai fait glisser ma main sur le front de Joseph et très lentement, j'ai caressé ses paupières vers le bas. Ma main, en s'esquivant, a frôlé ses lèvres. Adieu.

Je n'écris pas, Joseph je t'écris. On écrit toujours quelqu'un. Je ne recrée, ni ne recrée Joseph, je veux de retour ici, à Copeyne, te livrant à nos épouses, sœurs rivales, aimantes, que nous sûmes aimer, t'entourer d'un silence qui t'accompagne, de gestes qui t'élèvent quand en moi, tout bouge encore, tout vibre et tout vit. Nous! L'œuvre à deux! Et voilà que ce soir j'ai relu la lettre de ton appel. Voilà aussi qu'avant même de mander ton fils aîné et ta fille, ma fille aînée et mon fils, nos quatre enfants, de nous rejoindre au plus vite pour te mener à ta dernière demeure, cette « maison à l'envers », disais-tu, voilà que je veux par les mots non pas livrer notre œuvre mais en témoigner. On ouvrira le caveau « TERREFORT ». Le cercueil de ta mère sera-t-il aussi blanc qu'au jour de ta première lettre?

Il y a quelques heures encore, à ton chevet, je te faisais la lecture, Tite-Live, aux pages marquées, par toi, d'un signet. M'entendais-tu? Le seul vrai scandale est écriture, cahier, ce cahier, dédale de narrations qui comme la peau de notre corps ne peut que seule, livrer l'âme de toute chose. L'esprit allant. Comme un vent de l'avant. Guidant.

Joseph est mort tout à l'heure; 12 mai 1935. Mais les dates ne limitent pas le temps. Ne compte plus, pour ta présence, main de ma main, cœur de mon cœur, que ce qui s'est passé entre-temps. L'entre-temps de tout. Quand donc admettrons-nous ce qui chante et qui poignarde? Quand donc accepterons-nous nos désirs? Les larmes ont une âme et sont une arme. Sabine, mon épouse, aide Clothilde. Clothilde joint les mains de Joseph son époux. Un tableau de famille! Clothilde entoure tes mains, Joseph, d'un chapelet. Comme pour les nouer. Te voilà récupéré! Un bon Père viendra même peut-être, ultime ironie, bénir ta dépouille. Le tour sera joué. Mais j'écrirai. Je dirai. Cette clameur sera notre éveil. Car il n'y a pas de jour où je n'aie découvert de signe plus flagrant, plus unissant que toutes les incertitudes de notre langage. Ce soir, je sais, tu me retiens. Comme tu l'as fait sur le port de Taormina. Tu me retiens. Tu trembles encore. Sous cette étreinte j'écris encore, j'écrirai, je tenterai de dire tout ce qui, sous le caparaçon des incidents et événements de notre vie, est le flanc de la vie.

Nos souvenirs sont à venir ! Et si je chante à les narrer, c'est qu'il faut tout faire en sifflotant, comme Sandro. C'est la musique du dedans, quand elle veut baiser le vent. Une musique sitôt créée, sitôt emportée.

Voilà. J'ai tes lettres et ma mémoire, quelques textes de toi et ceux que je vais écrire. J'y consacrerai mes nuits, nos nuits encore. Depuis quelque temps, tu le sais, Sabine fait chambre à part et ne me parle plus. Ta mort est sa victoire.

Je te revois sur le chemin de retour de Taormina. Nous faisons une halte à Matelica. Pendant la journée nous avons visité le sanctuaire de Loreto, au bord de l'Adriatique, et nous sommes restés longtemps devant la maison de Leopardi. Tu semblais heureux. Mais à Matelica, notre halte, au milieu de la nuit tu te lèves et, debout, sur le lit, tu te mets à frapper le mur de tes poings en appelant Sandro. Oui, Joseph, la terre entière a basculé au-dessus de notre tête et nous retient prisonniers, toi, moi, et lui, encore et toujours. Et tu cognes le mur, et je te ceins de mes bras. Tu vois, tu vis encore ! Tu vis ! Je le dirai, tu m'entends ? Je t'écrirai.

Second jour

Mon but est, ici, de ne rien démontrer. Tout juste montrerai-je une manière d'approche. Joseph vient de mourir. Je ne peux plus que, par ces notes, le ramener à moi et par cet acte, m'alléguer un temps de survie, après lui.

Pour ce faire, j'utiliserai tous les matériaux à ma disposition. Ceux-là de ma mémoire, le moins possible. Le texte serait alors distancié, comme une ébauche de roman. Je me méfie de ma mémoire, car elle n'est plus que moitié. J'avais, en Joseph, retrouvé mon jumeau et l'eau même d'une première poche. Nos parents furent en fait, mon père coupable d'un glas et sa mère accusée de passion. Comment pourrais-je vraiment interroger notre passé quand je suis seul désormais à n'en détenir qu'une moitié? La mort de Joseph a fait de moi un receleur.

J'utiliserai surtout les écrits de Joseph en ma possession, et ceux, de ma plume, qu'il m'a remis il y a quelques jours quand pour la première fois, il s'est senti perdu. Encore faut-il que je précise qu'il ne m'a pas confié ces documents afin que je les utilise. Il n'a pas non plus été convenu que je les détruise. Il me les a remis, c'est tout. Peut-être vaguement, pour m'aider.

J'utiliserai enfin, sans les corriger non plus, mes notes et écrits. Les dates, encore une fois, ne seront là que pour inviter au présent tout en créant la logique d'un déroulement.

C'est donc sur trois modes que je tenterai de nous faire vivre, un temps encore, un temps de l'avant. Il s'agira d'une aventure, la seule peut-être véritable, humaine, partagée, celle d'une amitié ou d'un amour. Et nous n'aimions aucun de ces deux mots. Nous le remplacions volontiers par ceux de compagnie ou de poésie. Car là était le lien et le liant. Les rapports que nous entretenions avec la nature furent principalement genèse de nos rapports. Il n'y a sans doute d'accord entre deux êtres que jaillissant d'une contemplation mutuelle avec une même nature. Le partage se fait avant tout sur le corps vaste du monde. Il n'y a pas de vallon ou de ruisseau qui ne fasse alors penser à l'autre, qui ne soit aussi géographie du corps de l'autre. Il n'y a pas de vent cruel ou appelant qui ne soit à l'image même d'un regard de l'ami, de l'aimé, du poète! Comment dire en un temps où tout doit être qualifié, quantifié, où tout s'invente, se répertorie, s'accélère, en un début de siècle qui résonne martelant, comme la fin d'un temps, et que nous sentons déjà trépidant, prêt à se perdre en toutes choses de l'esprit, sacrifiant tout de l'individu, comment dire notre poésie?

Et si jamais, ici, nous ne livrerons (je dis nous, Joseph, quelle joie !) aucun de nos poèmes c'est que nous les avons détruits à peine même les avions-nous écrits et soumis à l'autre, mais aussi et surtout parce que les poèmes ne sont pas poésie. La poésie est autour, entre, sous, dedans, elle est partout, sauf dans les mots, ces tombeaux. L'excuse suprême de deux poètes qui ont raté leur œuvre ? Non, tel fut notre désir depuis le jour où, enfants, nous nous sommes échangé nos plumiers. Sans le savoir, nous venions de mélanger nos instruments de torture. Sans le savoir, nous venions d'accomplir un acte d'union. Crayons, porte-plume, et gommes dans leurs boîtiers laqués, noirs, funèbres, étaient bien à l'image de toute écriture de surface : une imposture ! Et cet acte fou qui nous a unis, ensuite nous a grandis. Chaque poème que Joseph Terrefort adressa à Roland Raillac ne pouvait être que pâle apparence de tout ce qui, transparences, était notre nature, et partage avec la Nature. Chaque poème que Roland Raillac adresse à Joseph Terrefort ne pouvait être qu'une image pour une image, une histoire de papier et d'illusion. On peut situer la poésie. Mais on ne l'écrit pas. On écrit autour d'elle. Mais on ne l'écrit pas. On la caresse, on la frôle, mais on ne l'étreint jamais. L'étreinte n'est jamais absolue. Jamais parfaite. Il manque toujours, au plus simple, un cri d'oiseau, un bruissement de feuillage, une lumière vibrante ou au plus complexe ces degrés de contact avec toutes choses et tous êtres qui échappent à toute mise en forme. Poètes, Joseph et moi-même, nous considérions comme metteurs en fond. Aux mensonges esthétiques qui parfois, un temps seulement, provoquaient notre

admiration, nous opposions la volonté tenace de pro-
duire et de jeter, de tenter et de rejeter, d'aller au plus
profond de nous-mêmes, au plus intime de notre
corps, mêlés. Entre nous, tout implose. Encore.

Nos plus beaux poèmes furent ceux de nos gestes et de
nos regards. Car poésie était là, entre nous et en nous
pour nous pousser l'un vers l'autre. Et nous nous
sommes heurtés en toutes pensées et toutes actions.
Nous nous sommes cognés, battus, de toutes sensations. Nos calmes étaient furieux. Nos furies étaient
sereines. Il n'y eut de jour que nous n'ayons passé l'un
sans l'autre. J'arrive à Cazauban. Je reviens de Paris
avec mon diplôme et une charge d'inspecteur hono-
raire des Postes (à vingt-deux ans, quelle République!)
et de ce jour, nous ne nous quitterons plus. Même
hier, Joseph, tu ne m'as pas quitté. Tu ne me quitteras
qu'à la dernière ligne de l'inachèvement de ce texte.

Dans mes bagages, à Cazauban, il n'y avait pas
d'Œuvres Complètes de tel ou tel poète célébré. Non.
Pendant des années et des années, chaque fois que tu
me montreras un poème, chaque fois que je te mon-
trerai un poème, tour à tour, nous dirons en riant
« c'est pour nos œuvres incomplètes ! ». Et nous déchi-
rerons ces petites choses écrites, inscrites, fixées pour
retrouver, à nous étreindre, la somme des mots et de
signes que nous n'avons pas su coucher sur le papier.

Dans mes bagages, à Cazauban, il y avait des partitions
de sonates de Mozart. Une découverte pour toi et pour
moi. Et jamais nous ne nous lasserons de cette

musique. Elle devance. À parler d'elle, elle semble perpétuellement à déchiffrer. Sur la couverture du recueil, tu as inscrit en lettres capitales « l'interprétation de ce qui suit exige un oubli total de la personne au bénéfice de l'œuvre ». Voilà que ce que tu as écrit là, l'été de nos retrouvailles, s'applique à l'esprit de ce que je tenterai ici. Et je ne t'ai jamais entendu interpréter telle ou telle de ces sonates deux fois de la même manière. Il y avait le temps, les saisons, les faits du jour, bien sûr, les petites choses de la vie, les incidents de surface. Il y avait aussi le courant profond de notre quête. Tu ne jouais ces sonates ni pour toi ni pour moi, mais pour nous, quelque part au-devant de nous, secret espoir de saisir cette musique telle qu'elle avait surgi.

Dans mes bagages, à Cazauban, il n'y avait rien de Paris. Ni un souvenir. Ni un objet. Pas même un vêtement de leur mode. Je transportais en fait ce qu'il y a de plus léger : tout un temps à venir. Que ce cahier m'inspire !

Ici, je n'épargnerai rien, ni personne, puisque le fait de nos heurts nous indique de ne jamais nous épargner. Notre poésie se nichait, se terre et se love en tout. Et si parfois, ici, le sordide intervient au même titre que l'acceptable, c'est parce que contre toute oppression les deux sont fondus l'un dans l'autre, l'ont toujours été et le seront toujours. Accepter notre amour ? Nous avons accepté notre poésie, *nos* œuvres incomplètes, tous ces poèmes déchirés ! Deux œuvres incomplètes pour faire une œuvre à deux.

Je « nous » regarde. À Cazauban, ce jour-là, je descends du train. Joseph m'attend. Il me voit. Il ne s'approche pas. Je pose mes valises à terre. Je l'observe de loin. Il ne sourit pas. Il plonge en moi. Il entre tout dedans et tout partout, comme pour inspecter, déceler un signe étranger, voir si tout de moi est intact. Et je plonge en lui pour retrouver toutes sortes de chaleurs et de bonheurs. J'écarte en lui buissons et fougères. Je traverse nos rivières. Je respire les poussières des sentiers. J'entends les silences des heures d'étude, au Collège, le soir, avant le dortoir. Je retrouve toutes sortes de temps détraqués, de fuites et de rencontres, et je retrouve tout intact, en lui aussi. Et seulement alors, du même pas, nous nous dirigeons l'un vers l'autre. Nos mains se serrent. Puis, vite Joseph me pince la joue et me dit « Où étais-tu donc, je t'ai cherché partout ». Et à mon tour je pince la sienne « Derrière toi ». Et nous rions.

Ah, fâchez-vous chagrins, notre œuvre échappe à vos castes! Vous parlez de politique, mais de quelle politique parlez-vous pour tout rogner, ronger de notre monde en ce siècle? Le seul acte politique est acte de couple quand il organise la vie. Oui, la peau de Joseph était politique tant son contact variait, se modifiait et me modifiait. Nous nous en sommes faits des places dans notre Cité, quelle organisation! Deux êtres s'unissent comme la nature s'unit aux saisons!

À Cazauban, Joseph tient à porter mes bagages « Ils sont légers ». Je réponds quelque chose comme « Je n'ai rapporté que ce que j'avais emporté ». Il sourit.

Voici notre Œuvre à deux. Et la dernière ligne écrite, il me faudra dire encore, voici notre œuvre à deux!

Qu'il est doux ce bureau autour duquel nous nous retrouvons pour un dernier combat. Toi, et moi. Joseph!

Sabine vient de rentrer. Elle m'attend pour le dîner. J'aime Sabine, sa dureté, sa distance, l'idée méprisante qu'elle a de moi, sa joie cachée à ce jour, l'amour fou qu'elle porte à Henri, mon fils aîné, ton filleul, comme s'il devait devenir ce que, selon elle, je n'ai pas été. Sabine, c'est la ville. La vitrine des familles. Il faut réussir, n'est-ce pas?

Sabine m'attend, en bas. Elle ignore que nous sommes encore ensemble quand elle nous croit séparés pour toujours.

Demain nos enfants arriveront de Bordeaux, de Toulouse et de Paris. Il y aura réunion de famille, autour de toi, là-bas, au village des morts, si proche de la ville des vivants. Et pourtant, tu seras ici, à m'attendre, impatient de reprendre ce cahier. Je t'entends déjà m'interdire de masquer, parer ou élaguer. De ces fragments, pour notre expression, devra ressortir, comme se contourner le profil d'un couple possible, du couple poète. Et chaque fragment sera tel qu'il a été: devançant. Et chaque aveu sera à l'image de ces embuscades que nous nous tendions!

J'ouvre ce cahier, comme ton plumier, quand tu me l'as donné. J'interpréterai tout en exigeant un oubli total de ma personne au bénéfice de notre œuvre. Sacrée sonate que nous deux !

Après le cimetière, je reviendrai vite. Sur ce cahier, je recopierai nos portraits. D'abord celui que tu as dressé de moi. Puis celui que j'ai croqué de toi. Portraits que nous nous sommes échangés, de retour de Taormina. Nous ne les avons pas jetés parce que nous ne les jugions pas poèmes, mais reliques ! Qui sait ? Gravité de ce que nous venions de découvrir l'un de l'autre : nos corps. Et de nos corps, je dirai tout. Du moins irai-je jusqu'où nous avons pu aller. Terrains immenses sur lesquels on n'ira jamais assez loin. Sabine m'appelle.

25 août 1901. Mon portrait, par Joseph

Chaque vision de toi, Roland, est point de non-retour.
Ce premier trait est de caricature. Il surgit de moi, plus
que de toi. Il est émanation d'une impression toujours
renouvelée. Je te vois à chaque fois différent, invitant
aux différences. Est-ce là trop dire, d'emblée ? Comme
si je voulais, pour dresser ton portrait, en disant tout,
tout de suite, me contraindre à en dire plus encore.

Ce qui se mue en toi, chaque fois, chaque jour, a sur
moi un pouvoir modifiant. Si je qualifie de non-retour
l'état instantané de ton être, cette présence de ton
corps que ceint et soulève le moindre de tes regards,
c'est parce qu'à te voir l'évidence de n'être pas seul,
mais deux en toutes pensées et tous lieux, m'étreint et
m'invite à aller de l'avant sans jamais avoir à me
retourner. Voilà pourquoi je te devance, parfois.

J'ai promis ton portrait. Tu rédiges le mien, en même
temps que moi dans une pièce voisine. Ce qui en principe n'est qu'un exercice de style amical, une manière
de devoir de vacances de fin d'après-midi d'août,

presque un jeu, est aussi un défi tant nos images se mêlent. Il va donc falloir que je te détache de moi, que je crée une distance d'artiste et que je me demande bêtement « Qu'a-t-il donc de différent, ou bien de spécifique ? » Un langage de gendarme est à trouver ! « Signes particuliers de Raillac, Roland, s'il vous plaît ? »

Tu as les yeux ni verts ni bleus. Verts quand tu regardes les bosquets et les prés. Bleus quand ton visage chavire pour contempler le ciel. Bleus aussi quand tu traverses les eaux de la Verse pour me rejoindre sur l'autre rive, car, tu me l'as dit, « Je nage dans le reflet du ciel ». Comme tout cela est beau. Comme tout cela paraît magnifié. Je me rends compte à quel point l'expression de l'autre devient vite suspecte quand on l'inscrit.

Oui, Monsieur le gendarme, son corps est mon point de non-retour et ses yeux sont le reflet de toute nature !

Raillac Roland est plus petit que moi. Pour un peu, je lui embrasserais le bout du nez. Et ça, Monsieur le gendarme, ne le notez pas, puisque ce n'est pas de morale admise. Une bise sur le bout du nez, ce n'est pas viril n'est-ce pas ? Et pourtant, question de taille, c'est bien là le repère premier.

Sa peau est douce, lisse, à se frotter on glisse. Il est dur. Il est de roc. Même quand il s'assoupit, il est tendu et ferme de partout. Voilà que je parle de lui comme d'une bête. Oui, quelque part Roland est une bête, animal fou qui a grandi comme moi, qui s'est nourri

du même grain et des mêmes prés où nous avons chaviré ensemble, à tenter d'enrouler la terre autour de
nos corps comme une vaste couverture. Et la coque du
ciel nous la frappons de nos poings.

Ses sourcils se rejoignent. Son cheveu est châtain, ce
qui revient à dire blond l'été quand le soleil caresse,
brun l'hiver quand le ciel porte ses cache-col. Roland
est un nuage qui passe. Jamais le même. Sa dérive est
volontaire. Il sait où il va. Il m'emmène. À parler de
lui, j'ai recours à toutes ces images que nous n'aimons
pas. Vraiment, Roland, ce n'est pas un jeu sérieux !
Mais puisque tu tardes à me rejoindre avec mon portrait, il faut, ici, que je te contourne, que je te cerne.

Tu as des mains larges, longues et massives. Des mains
enveloppantes qui pour un peu vous saisiraient entier
dans leurs paumes et vous protégeraient comme un
oiseau tombé. Des mains qui saisissent, brandissent,
des mains immenses qui rendent tout immense. Des
mains de sonneur de glas quand on peut, seul, tirer sur
les cloches de la Cathédrale Saint-Pierre, les ébranler
pour qu'elles alertent toute la population d'une bonne
ville. Des mains qui pendant des siècles ont creusé des
sillons dans les champs de Copeyne. Des mains pour
faire rouler les barriques d'armagnac. Des mains pour
jeter des filets de chasse grands comme un départe-
ment, au temps des palombes. Des mains pour ébranler les tables du Café du Commerce quand on épate,
ou du café du Lion d'Or quand on parle politique.
Des mains qui sont toute une Histoire, comme les
dernières branches d'un arbre généalogique. Des

mains lourdes qui se font un creux dans mon ventre quand elles se posent « Tu dors encore ? Réveille-toi… ». Des mains comme une voix, raclante et grave, donnant à chaque syllabe de chaque mot comme un éclat et un écho. L'écho des messages entendus, perpétués pendant des siècles passés à creuser la même terre, à jouir du même lieu.

Le vrai portrait de mon ami Roland se résume en son nom : RAILLAC. Un visage, un rictus, la vie.

Tu as des taches sur les épaules, comme une mappe-monde de continents inconnus, terres de feu et calottes glaciaires. Ce ne sont pas là rousseurs mais taches brunes comme des grains de beauté qui auraient éclaté. Tu me demandes souvent, en riant, de te dire la géographie du monde que tu portes sur tes épaules, alors j'invente des noms de lieux, des noms d'îles et de mers et quand lassé d'inventer je descends par la grande vallée de ton dos, c'est tout un océan que je découvre, calme, uniforme sur lequel je vogue. Combien d'entre nous, de notre ville ont-ils, pour émigrer, descendu la Garonne, se sont-ils arrachés à eux-mêmes en quête d'Amériques ? Le grand voyage, pour moi, est là, et les terres inconnues sont tout entières résumées sur tes épaules. Je me penche. Tu me demandes « Que vois-tu aujourd'hui ? »

Ta moustache est rustre, épaisse, tombante. Quand la mienne est fine, pointue, remontante, un brin élégante. Je la soigne, quand tu abandonnes la tienne en broussaille. Tu te mouilles les lèvres chaque fois que tu vas parler. C'est l'annonce de ta parole, au bout de la langue, comme un signe gourmand. Un mot, et tu as l'eau à la bouche. Et tu me mets l'eau à la bouche. Je ne peux faire ton portrait qu'en dressant le mien.

Ton pas est pesant, presque tapant. La cadence est grave, presque insistante. Je t'ai souvent demandé pourquoi tu faisais tant de bruit en montant l'escalier de Saint-Pardom. Tu m'as toujours répondu « Je n'aime pas quitter la terre. Je ne conçois pas les étages. Je les utilise, mais ils ne sont pas dans ma nature ». J'ai longtemps cru là à une ironie pour nous distraire. Pourtant la distraction n'est pas notre ton. Aussi, mon attention attirée, en vint-elle à observer que très souvent tu retires tes chaussures sous la table des auberges où nous nous restaurons. Pour me souvenir aussi de toutes les sandales perdues, les étés de notre enfance, quand en début de balade tu les abandonnais sous une pierre, à l'orée d'un bois. « Je veux que ça craque et crisse sous mon pas ! » La balade terminée, nous revenions au point de départ, si nous le retrouvions. Sandales perdues.

Tu me poses très souvent des questions, avec la réponse dedans. Les seules vraies interrogations sont celles que tu livres aux regards.

Aussi, souvent me laisses-tu la responsabilité de tous les choix. Où aller ? Où tu veux ! Que veux-tu boire ? Ce que tu veux ! Ou pire encore : la même chose que toi ! Les seuls désirs que tu imposes et qui relèvent de ton choix, sont ceux que tu ne formules pas. Et tu m'as dit d'écrire, d'écrire, et de ne surtout pas contrôler le tracé de ce portrait. Tu tardes, de ton côté, à me croquer. Voilà que je me fâche. Qu'as-tu découvert de moi?

J'arrache la feuille, je résume : tes sourcils se rejoignent, tes épaules sont des continents, tes mains sont immenses, tes yeux ont la couleur des paysages, tes pieds s'enracinent dans la terre. Que manque-t-il ? Ton nombril ? Il est étrangement profond. Comme si ta mère, elle aussi, avait voulu te retenir. Comme si elle avait tout fait pour qu'on te voie le plus tard possible. Toi, fils d'un vieillard revenu de Cayenne aux premiers jours d'une Troisième République. Pour le retour de ton père, on fit sonner les cloches en éclats. On en parle encore.

Ton sexe est brun, presque noir. Il y a du sang arabe dans nos veines. Un sang d'invasion. Les siècles passent, le doigt d'Allah sort de ton ventre, conquérant.

Tu m'as dit tout à l'heure « Écris, écris, n'arrête pas, trempe la plume sans même regarder l'encrier. Passe à la ligne le moins souvent possible. Je veux que mon portrait soit un carnet d'esquisses. Tu verras, le mien : je saurai te figurer d'un trait ». Tes phrases les plus banales commencent toutes par « Regarde… ». Tu es un enfant, Roland, dans un corps de boxeur. Roland, champion catégorie poids allants! « Regarde… » me dis-tu comme si tu avais peur que je ne voie pas ce que tu as vu. Est-il vraiment possible de tout partager?

Assis, tu ne croises jamais les jambes. Tu les écartes légèrement, tu poses les mains à plat sur tes genoux, et droit comme un clocher, tu regardes ceux que tu n'aimes pas, légèrement au-dessus de la tête, au delà. « Raillac, baissez les yeux quand je vous parle ! » Combien de fois le Père Supérieur a-t-il pu te punir pour ce regard frisant, altier ? « Il est chauve » expliquais-tu en riant, « je glisse tout de suite de l'autre côté ! ».

Tu as le sens de l'humour. Quand tu es drôle, cela veut dire que tu t'ennuies. Tu aimes les mots qui dérapent et changent de sens, les pieds de la lettre ridicules, les contrepèteries élémentaires et surtout les lapalissades les plus plates. Ton humour a quelque chose de désespéré. Tu ris avant même de vérifier si ce que tu viens de dire provoque un rire. Et les autres s'amusent seulement de te voir amusé. Tu brilles dans ces compagnies que tu détestes et qui te célèbrent « Il est drôle, il faut l'inviter ». Ou bien « il est terriblement méchant ». Alors tu me dis, « Viens, on s'en va. J'ai honte ». Tu as honte des parades. Tu fais le pitre à merveille, tout comme tu t'émerveilles de tout.

La nuit tu dors de roc. Tu dors là où tu t'allonges et tu ne bouges plus. Le matin, à peine as-tu ouvert les yeux que tu es déjà debout. Comme pris de peur, surpris. Tu erres un peu, te heurtes aux portes et aux murs. Tu grognes parfois sur un ton de rire mais en fait le jour te rend furieux. Tu cherches de l'eau pour t'éclabousser le visage, mains à plat, comme pour te gifler. Tes ablutions sont un combat pour un éveil. Je n'ai jamais pu penser autrement. Tu regrettes en fait ce que tu viens de quitter, immobile, la loi et le mystère de ton sommeil. Il ne faut surtout pas alors te parler. Il faut attendre que tu t'essuies les lèvres, après le café, ou que tu t'étires après le petit déjeuner quand ce n'est pas beaucoup plus tard. Le premier mot est alors pour la nature du jour. Et il ne s'agit pas là d'une élégance anglo-saxonne mais d'un pur et simple acte d'accueil. Tu dis « Chaud… » ou bien « Pluie… ». Tu annonces le jour.

Voilà donc un portrait qui se veut ressemblant quand seules dessinent au plus près les dissemblances. Rien n'est plus sonnant que les dissonances de cette sonate de Mozart que tu aimes tant et que je joue, sans même que tu me le demandes, quand tu te tais trop longtemps.

Tu es un être éternellement embusqué. Bête peureuse qui se cache derrière moi, pour mieux bondir sans doute. Tout est proie pour toi car tout est vérité tant tu te plais à tout démasquer lorsque masque il y a.

Raillac Roland n'est pas récupérable. Et il sera ainsi jusqu'au bout, fou qu'il est de revendiquer son fait d'être. Être à ce monde et à ce siècle. Être avec moi.

Il n'y a que la simultanéité de nos jouissances lorsque nos corps n'en peuvent plus de s'étreindre, pour nous rapprocher vraiment. Et quand tu jouis, c'est pour ouvrir les yeux en grand, et me regarder. Regard fou. Ton portrait est là. Alors seulement, tu ne t'appartiens plus. Je ne joue plus. À quoi ça sert, Roland ?

25 août 1901. De moi, le portrait de Joseph. En échange

Joseph Terrefort est comme il respire. C'est l'unique trait, que j'utiliserai pour tracer de lui un portrait. L'idée de cet échange m'est venue la nuit dernière. Il croit que je dors quand en fait je l'observe. Une révélation qui risque fort de modifier encore nos rapports puisqu'il est convenu que nous nous échangerons ces pages, en gage d'amitié. Qu'il sache donc que je le surveille !

Je griffonnerai, de ma petite écriture tassée, mon écriture de patte de chat, quand la sienne est large, avenante, ce que l'écoute de sa respiration m'inspire.

Joseph Terrefort a un nez long, fin, aquilin. Quand il respire normalement, au piano, par exemple, ses joues se creusent un peu, son menton se pince, ses narines frémissent imperceptiblement. Il ne s'en rend pas compte. C'est presque comique.

J'ai vu grandir son nez, se modeler son visage. C'est merveilleux de penser que tout de la tête pousse, aussi, surgit, se ride ou se plisse. Oui, la tête de Joseph Terrefort se cabosse avec le temps. Le travail se fait inlassablement. Tout vient des nerfs des narines qui tirent et creusent tout. Petit à petit, sans le savoir et assurément sans le vouloir, Joseph Terrefort se sculpte le visage de son père, le docteur Rigand, ce Brigand! Et si j'use là d'un surnom que Joseph n'aime pas, ce n'est point pour faire acte d'un humour qu'il me reproche si souvent et avec lequel parfois, en fait, je me blesse, mais pour d'emblée tirer le grand trait qui donnera toutes proportions, et éventuellement qualité, au dessin de lui que je désire par ces lignes tracer et lui remettre.

En cela d'ailleurs, ce qui suit est souhaité graphique par l'auteur tant toute technique dessinante ne peut restituer ce qui est respirant, ce va-et-vient de l'être.

Très souvent, quand j'occupe la même pièce que Joseph Terrefort pendant plusieurs heures d'affilée, il m'arrive d'étouffer, de me lever, d'ouvrir la fenêtre. Il se s'agit pas là du résultat d'une oppression ou de toutes sortes de tourments psychiques ou d'une maladie physique de mes voies respiratoires. Non, je dirai ici la stricte vérité : Joseph Terrefort respire à grands volumes et il absorbe préférentiellement l'air le plus pur. Ses narines font un véritable choix, détectent, raflent littéralement à l'autre le meilleur de l'air ambiant. Il n'y a rien d'assez pur pour Joseph Terrefort et, sa noble personne, en ce détail, a droit à tous les égards.

Qu'on ne lise ici aucune ironie. C'est un portrait sérieux. Si nous remontons à l'enfance du modèle, il serait intéressant de noter son allergie aux parfums de sa mère pécheresse quand parfois elle lui rendait visite au Collège. « Quand donc la verrai-je telle qu'elle ? » disait-il ensuite, de retour du parloir, me pinçant le bras. Il n'osait pas parler du parfum capiteux mais l'expression de son visage, et au milieu de ce visage son nez le trahissaient. Il faisait une grimace qui ne le quittait pas de quelques heures.

À la messe, quand il lui arrivait de servir à mes côtés, il me donnait toujours la charge de l'encensoir. Ou bien, quand je m'amusais à le forcer à cette tâche, tendait-il l'objet à bout de bras comme une chose répugnante, diffusant des senteurs en volutes qui « lui donnaient envie de vomir ».

Dans les deux cas, comme pour se réanimer, il respirait de manière plus saccadée. Je le moquais alors un peu et l'appelais « loco d'enfer » ou « lapin gourmand ». Les images se suffisent à elles-mêmes. Mais on doit se méfier de leur pittoresque, au crédit d'une gravité.

Où est passé le petit nez d'enfant de Joseph Terrefort, nez frémissant, qui savait, d'un pincement discret, exprimer le dégoût amusé d'un plat, au réfectoire ? Ou bien ce nez qui bloquait toute respiration quand nous passions près des cuisines ? En fait, tout cela était très sérieusement mené. Il y allait de l'animation de ce corps. Son corps. Disons que Joseph Terrefort n'a jamais aimé les odeurs étrangères. Ou pire, les senteurs habituelles.

Dans la cour de récréation, il était toujours le premier à courir tout au bout de l'aire de jeu. Il sautait sur le muret, s'agrippait à une vasque de terre cuite, toujours la même, le plus à l'écart de tous et de tout et, disait-il alors « je me sens comme Ulysse, je respire le vent du large ». Dessinez le nez, et vous saurez tout de lui ! Petit nez retroussé qui le temps passant, son porteur grandissant, s'est tendu comme d'autres tendent le bras pour indiquer une direction. Il faut vraiment être l'ami de cet être pour ne pas trouver ce nez préten-tieux, tant il vous ravit le plus vif de tout air, vous montre continuellement la direction d'un regard et porte toutes sortes de jugements.

Joseph Terrefort dort sur le dos, nuque cambrée, mains croisées sur la poitrine, comme un gisant. Il se torture à vouloir dormir et il ne trouve que peu de sommeil. Pour lutter contre cela, opiniâtre à trouver un repos, dans cette position terriblement horizontale et calme, il s'impose un rythme de respiration de plus en plus lent, pensé et mesuré de manière quasiment maniaque. Pour qui l'écoute alors, proche, partageant sa couche, ou du lit voisin, une peur de tout cela peut naître. Essaie-t-il de se supprimer comme d'autres pla-queraient sur leur visage un oreiller pour s'étouffer ? Veut-il tout stopper en lui ?

De profil, couché près de lui, je vois le nez, point cul-minant, à contre-jour, à contre-nuit, puisqu'il dort toujours du côté de la fenêtre. Tout est aspiré et rejeté de là. Joseph Terrefort me donne alors l'impression d'inspirer de moins en moins et d'expirer de plus en plus. Il ne s'aime pas. Il veut sa mort.

La conclusion ci-dessus énoncée peut paraître vive, dangereusement elliptique, mais quelque part en moi, se forge une certitude : Joseph Terrefort de jour comme de nuit, et peut-être avec un penchant plus net pour la nuit, fait continuellement quotidiennement l'apprentissage de sa mort.

Parfois, je sais qu'il me regarde et cela me frôle. J'entends et je sens alors plus précisément son souffle. Un souffle toujours frais, ou froid. Étrange personne qui fabrique du froid !

Ce portrait n'est pas non plus satyrique. La personne à qui il est destiné saura se départir des évidences de surface, sentiments passagers, quand par les mots, ici, j'essaie de dessiner au plus profond de cet être, et du plus profond de son corps, ces vents qui passent en lui, s'engouffrent et ressortent. La caverne intérieure est, pour moi, interdite. Je ne peux qu'interroger ceux-là qui explorent et balayent les parois de son monde pulpeux, spongieux, tout de rus et ruisseaux souterrains qui circulent pour livrer au rapteur le meilleur d'eux-mêmes : de quoi vivre, oxygène ! Et si parfois, les yeux à peine entrouverts, tout habitué à ne pas, du moindre tressaillement, indiquer ma veille, je m'assoupis, c'est au rythme calme et apaisant de la respiration de mon voisin.

Parfois aussi, pour des raisons qu'il ne veut pas donner, et au sujet desquelles je ne veux plus l'interroger, Joseph Terrefort, en fin de promenade, quand nous avons parcouru deux ou trois lieues, quand nous avons pourfendu les bois, tiré les diagonales des prés, suivi les crêtes douces de collines en chapelet, se plaint-il d'un essoufflement et me demande-t-il, se tournant vers moi, alors qu'il me devance, de ralentir.

Au paradoxe de la situation ci-dessus décrite, j'ajouterai celui des soupirs profonds qu'il pousse hors de lui, comme exaspérément lorsqu'il se sent heureux, satisfait d'un paysage ou d'un repas, touché par une conversation confidente, ou encore ému de se retrouver seul avec moi, en rupture de tous ceux qui veulent s'assurer notre compagnie. Depuis notre retour de Taormina, je ne respire pas : Joseph Terrefort respire pour moi. Par la grâce de Sandro, j'ai franchi le ravin qui séparait nos lits d'enfants, et désormais, tout contre lui, son rythme en toute quête est le mien. Encore faudrait-il préciser que ce phénomène curieux tient tant de lui que de moi, tant de son élan vers moi que de la curiosité que je ressens à mieux le connaître et le sonder.

Oui, je suis jaloux de son dedans. La visite est dangereuse. Quelque chose me dit que Joseph Terrefort porte en lui une douleur dont il ne veut pas se plaindre, un mal qu'il veut taire, une chose tapie qui ne se nourrirait que d'asphyxie et que, pour lutter contre cela, il s'impose une respiration profonde, purifiée, extraordinairement mesurée.

Et le voilà, levant la tête, regardant les horizons de notre terre, toute la Terre, et le monde entier qui s'arrête à la sortie de notre ville, tant nous le portons en nous. Le voilà humant ces vents qui sauvent. Les vents salutaires convergent vers lui.

Le trait, ici, n'est pas lyrique, mais accusé. Un trait en creux, comme un sillon. Il ne s'agit pas d'un portrait fantasque ou complaisant. Que Joseph Terrefort se reconnaisse ici par, et pour, tout ce qui en lui tour à tour inspire, expire, respire et m'inspire.

Et si, dans une pièce trop longuement partagée où nous sacrifions aux rites tantôt doux, sitôt violents de ces confidences sans lesquelles nous ne pourrions pas de jour en jour nous élever, je vais ouvrir une fenêtre pour respirer moi aussi, ce n'est pas, et ce ne sera jamais, par représailles ironiques. Robuste, Joseph Terrefort n'en est pas moins atteint quelque part au plus secret de lui-même. Un mal dont il ne parle pas, tant, étonné, fâché, il choisit de le taire pour mieux l'affronter. Quel docteur pourrait le soigner sinon le seul de cette ville, son père ?

La nuit, il me faut longtemps attendre que la respiration de Joseph Terrefort s'apaise. Que se taise le petit sifflement que le jour couvre, et qui, pour moi devient, dans le calme nocturne de notre attente, comme un cri vif et lancinant, petit bruit qui vrille, lime, râpe, bruit inlassable comme si perpétuellement il fallait abreuver le mal pour qu'il ne gagne pas la partie du dedans.

En cela Joseph Terrefort est fragile. Il m'a fallu tant de temps pour déceler ce qu'il cache si bien. Désormais mon guet est devenu notre lien. J'attends, je guide, j'écoute et quand cesse le petit sifflement, alors seulement je m'assoupis, je trouve un sommeil qui n'est plus le mien, mais le sien ou bien de jour en jour, et par la vertu de cette confidence qu'il lira tout à l'heure, enfin le nôtre. Notre sommeil.

Est-ce donc là ce que l'on appelle dans les chansons galantes « dormir ensemble » ?

Et si le vent des collines, les soirs d'orage, harcèle, si le vent d'hiver vire brusquement, dardant, je guette aussi un geste, un regard de désarroi, comme une peur. Mais Joseph Terrefort se contente de baisser légèrement la tête. Il bloque sa respiration, je le sais. Il presse le pas, fait semblant de sourire de ces violences, inspire par petites saccades. Il fait alors dix, douze pas, pour une seule inspiration.

Et je suis là, près de lui, chaque nuit, à l'écouter quand il croit que je dors. Le premier soir où nous nous sommes trouvés côte à côte au dortoir, je l'écoutais déjà. Son cœur battait dans mes oreilles. J'avais glissé son plumier sous mon oreiller. Il avait trouvé l'idée amusante et avait fait de même avec le plumier que je lui avais donné en échange. La respiration de mon premier ami m'intriguait. Comme un sanglot, lointain, continu. Le petit sifflement déjà. Comme un appel.

Au début de cette année, quand la barque de Sandro s'est retournée, quand Joseph Terrefort s'est levé pour crier le nom de notre ami, le premier cri est sorti de son nez, comme un grognement, une expiration furieuse et crachante de tout son être. C'est là le paysage de fond que je choisirai pour ce portrait impossible : des nuages bas, une mer frissonnante d'écume, la coque sombre d'un bateau chaviré, ballotté par les vagues. Et ces rochers sur lesquels nos appels répétés se déchirent. Sandro nous avait dit « Non so dove andiamo. Ma quando lei mi guarda, so dove siamo ». Je ne sais pas où nous allons, mais quand vous me regardez, je sais où nous sommes. Peut-être le mal décelé en Joseph Terrefort n'existe-t-il pas vraiment. Peut-être ne s'agit-il que d'une simple difficulté, d'une ordinaire oppression. Ou bien encore, n'est-ce là que l'expression de ma volonté de me perdre en lui ?

Reste le sifflement et ce nez, racé, en surplomb de tous regards. Et quand je fais l'inventaire de son corps, quand je niche ma tête contre sa nuque, quand je me love sur son ventre, quand je serre ses pieds contre mes lèvres, je me sens brusquement à bout de souffle, le cœur battant, presque haletant. Comme si on me retirait mon oxygène. Alors, je remonte vers son visage. Il faut que j'entende respirer pour me calmer de nouveau. Joseph Terrefort me sourit comme si je revenais de loin. Serions-nous complices à ce point ?

À Saint-Pardom, il ne supporte que deux senteurs, celle de l'encaustique à fleur de meubles et de parquets, et celle neutre des livres qu'il veut toujours être le premier à lire, quand ils sont neufs. Voilà Joseph! Voici ton portrait!

Et voici notre vie. Plus qu'un jeu, ne crois-tu pas? Quand tu auras lu ces lignes, j'aurai lu celles que tu es en train d'écrire à mon intention. N'en rions ou sourions encore moins. Nous avons encore tant et tant de choses à apprendre l'un de l'autre.

Ce mal au plus profond de toi, ce n'est peut-être que moi, tapi, attendant, dévorant. Oui, je te respire et je t'affaiblis. Ne m'en veux pas. Quand je m'allonge auprès de toi, en fait je ne dors pas. Je fais le mort, c'est tout. Je fais mon apprentissage. Avec toi.

Troisième jour

Ce texte, mon salut. Ici, par les mots, je me restaure. Comme à un grand repas où je ferais semblant d'avoir en face de moi le convive de ma vie. La grande table des mots est dressée. Un couvert vide semble donner à tout cela un air de banquet. Qui donc, sinon moi, entre le sorbet et les fruits déguisés, aura à se dresser pour prononcer le discours qui doit, en principe, sauver l'humanité ? Ce qui meurt, Joseph, en nous et avec nous est peut-être la vraie vie. Pour narguer on nous accusera de dilettantisme. Laissons l'ironie aux ironiques.

Nous étions tout à l'heure réunis, chez toi, à Saint-Pardom, après la cérémonie. Clothilde porte ton deuil de manière sobre. Une robe de coton noir, un peu trop grande pour elle, sans doute empruntée à une voisine ou amie. La robe de Sabine, mienne épouse, par contre, n'a pas été sans surprendre. Un taffetas tête-de-nègre orné, au col et aux manches, de dentelles noires. D'où diable a-t-elle sorti cette toilette que je ne lui ai jamais vue ? L'idée m'a effleuré qu'elle l'avait fait faire par sa couturière depuis longtemps, pour être élégante, au jour de notre rupture. Comme pour un premier bal.

Il y avait ta fille aînée Marie qui semble fort enjouée de ses études de pharmacie à Bordeaux et ton fils cadet Pierre qui vient de réussir sa deuxième année de médecine à Toulouse. Il y avait aussi mon fils Henri, qui a définitivement gommé son accent du Midi, à Paris, et qui parle de Polytechnique comme s'il avait déjà été reçu au prochain examen d'entrée. Sophie, ma cadette, arrivée de Toulouse avec ton fils Pierre, ne dit rien d'elle-même. Pierre s'amuse continuellement à la faire rougir en lui citant des vers de la « Négresse Blonde ». Elle s'est mise à ton piano, au moment où nous passions au salon, et elle a interprété le morceau imposé qu'elle devra exécuter pour ses examens de fin d'année au Conservatoire. La Campanella de Paganini. Musique futile, virtuose. Jaloux, mon fils, ton filleul, s'est mis au piano à son tour et a interprété la Cathédrale engloutie. Debussy massacré avec bravoure !

Et si je fais ici l'inventaire de tous ceux qui nous entourent, c'est peut-être, sans doute, parce que nous n'avons pas su les entourer, non par égoïsme mais par respect pour la rareté de nos rapports. Dans le silence de cette maison où très souvent nous nous sommes réfugiés quand nos femmes et nos enfants vivaient ensemble chez moi, à Copeyne, j'ai brusquement été saisi. Nous nous sommes terriblement multipliés, Joseph. Par la fécondité des deux sœurs, Sabine et Clothilde, nous avons par nos fils et nos filles pris une bien grande responsabilité. Voilà que nous allons lancer dans ce monde, ce qu'il est devenu, ce qu'il devient, un polytechnicien, un médecin, une pharmacienne et une pianiste, tous quatre entretenus par Sabine dans un culte officiel de respect, officieux de mépris. Notre petit monde a l'ambition de mon épouse. Et nos enfants auront des enfants, et ainsi de suite dans ce monde qui capote!

En rentrant du cimetière, nous avons parcouru à pied le Boulevard de Gesles. On le recouvre ces jours-ci de macadam. Quelle épaisse fumée noire et quelle odeur de cramé! A-t-on vraiment besoin d'oublier les pavés?

Peu après le café, Pierre a proposé une partie de tennis. Il a dit « Tant qu'on y est, profitons-en. » Une désinvolture que je te rapporte tant je sais qu'elle te plaira. Qui sait, quelque part, Pierre nous ressemblera-t-il un peu. Mais son humour ne sonne et ne marque pas profondément. Pierre se fuit en l'imposant.

Aussi suis-je revenu bien vite à Copeyne. Je suis sorti de Saint-Pardom par la porte du potager, celle que nous empruntions quand nous avions encore peur des cancans de la ville, l'été des portraits, justement, puis j'ai longé le grand ru, rouge de sang, c'est aujourd'hui jeudi, le jour où le boucher tue ses bêtes. J'ai longé le lavoir et je suis remonté par le chemin des figuiers jusqu'à ma maison, mon bureau, ce lieu où je te retrouve. Troisième jour sans toi et avec toi! Ô tourment, que tout m'inspire! Que les coups restent coups! Mais que rien ne se pare et ne me désempare. Il n'y a de chant de la vie que lorsque mort nette s'en mêle. Ô tourment, ne te crée pas d'échos factices!

Ce qui suit, dans la ligne de ce qui précède, doit être constat. Le corps de notre œuvre n'existe plus. A-t-il même existé tant nous avions de hâte à déchirer les poèmes que nous nous écrivions, a détruire toute trace inscrite de ce qui en fait ne pouvait pas se transcrire : le simple accord de deux êtres.

Ce texte se cantonnera à la lisière de notre couple, zone d'herbes sèches qui deviennent tendres, puis fougères, ronces, futaies de plus en plus hautes jusqu'au lieu de l'ormeau, majestueux, admirable. Oui, il me faudra nous contourner, usant de ces quelques lettres ou messages que nous nous sommes ravis, puis cachés, l'un de l'autre, sauvés de la destruction, non parce qu'ils étaient les meilleurs, mais parce que intimes, incidents non voués à notre jugement. Pour exemple, cette lettre de toi, non datée, qui gît là, sur le bureau, attendant que je la classe, lettre de dépit et de tristesse, au bas de laquelle tu me dis « Allons donc, dans un an, je serai encore en vie et toi aussi ». Quand donc m'as-tu écrit cela? Il y a longtemps, assurément. J'ai jalousement gardé ce petit bout de papier plié en trois, dans la longueur, du bout de l'ongle, très proprement, pour la vertu de son message.

Et dans ce monde où tout devient spectacle, où il faut que ça brille, que ça claironne, que ça perlimpimpise pour reprendre une de tes expressions, à une époque où les poètes ne créent que des ghettos où ils s'amusent à casser, caser n'importe comment sous prétexte d'apporter au réalisme un surplus d'inspiration, dans ce monde et à ce tournant, j'essaierai de témoigner de l'éternité de ce cran en dessous du fleur de peau, là où se trame le sentiment sans lequel rien ne peut être véritablement exprimé.

Je ne suis pas sans mesurer les risques de l'entreprise. Mais si cela doit m'aider à te survivre, notre expression sera là, tout entière couchée entre les pages de ce cahier sur lesquelles je calligraphierai tout ce qui, par nous, témoignera en faveur de l'individu et de la Nature cette bafouée. Jamais notre intelligence n'égalera l'instinct du chêne vert qui s'enracine, se plante droit, salue de tous côtés, grandit et s'unit avec tout.

Et si dans ton portrait, j'apparais comme une bête, rustre, j'y ajouterais volontiers un détail, qui me définit, et t'amusa, le jour de l'échange de nos plumiers, jour où tout semble s'être noué. Je suis gaucher, tu le sais. Combien de fois m'a-t-on donné en punition des rédactions de cinquante, cent et parfois cinq cents lignes écrites de la main droite. Les bons Pères vous déforment pour mieux vous former. Quelle idée! Mais quand le premier jour de classe nous avons pris place sur le même banc, côte à côte, lorsque le maître d'études nous a ordonné d'ouvrir nos cahiers, j'ai ouvert le mien à l'envers, par la dernière page. Tu as éclaté de rire. Et tu t'es fait gronder. On t'a dit qu'il était « interdit de rire! ». Et moi, je ne comprenais ni ce qui avait déclenché ceci, ni ce qui avait provoqué cela.

Nous venions d'entrer dans la prison des êtres civilisés. Seulement quand je t'ai vu, rouge de honte, ouvrir ton propre cahier, j'ai compris comment il fallait faire pour être toléré. Tu le savais déjà. Moi pas. C'était mon premier cahier. Je voulais commencer à écrire par la dernière page, puis l'avant-dernière et ainsi de suite. C'est curieusement ce que je fais aujourd'hui, à l'envers, le cahier de notre vie. Nous nous serons donc rencontrés, et quittés, sur une même impression.

Dans le portrait que j'ai dressé de toi il manque aussi ce que je ne jugeais pas alors essentiel : l'extraordinaire dureté de ton corps, la douceur de ta peau, ce qui liait ton sourire à ton regard, la précision de tes gestes, ton calme en toute précipitation. Pour te définir aujourd'hui, mieux encore, alors que tu m'abandonnes, vieilli, je dirais que tu étais ponctuel en tout, tant dans tes regards que dans tes caresses, jusque dans tes déférences quand il fallait saluer tel ou tel habitant de notre ville.

Mais comment Dieu achever un portrait, puisque notre œuvre ici partiellement recomposée ne nous livrera qu'à peine ? Puisse-t-elle par son inachèvement inviter à un accueil plus franc du quotidien.

Oui, tu me laisses vieilli quand, étourdis, nous n'avons cessé de nous voir tels que nous étions à Cazauban, par exemple, ou bien tels que Sandro nous a réunis, nous forçant à ce choc de nos êtres qui devait passer par celui de nos corps.

J'ai déjà classé quelques rubriques qui feront suite à ce texte du troisième jour. Il y a « Le poignard d'argent », « L'arc-en-ciel », « Les pêcheurs de lune », « Le chat Tityre » et quelques autres de ma plume comme de la tienne, mais qu'importe tant nous étions à l'écoute l'un de l'autre. Je mentionnerai la date, le nom de l'auteur, toi ou moi et le titre. C'est tout.

Et tout se fécondera dans ce cahier. Comme tu me l'as dit dans ta lettre d'appel recopiée en premier, je prendrai ici le temps du temps, quand tout ce qui se crée de nos jours bannit de l'écriture sa liturgie.

Sabine est entrée. J'ai entendu son pas pointu dans l'escalier. Puis dans le corridor du premier étage. Elle est venue jusque derrière la porte de mon bureau. Elle a écouté un instant. Je relisais à voix haute ce que je venais d'écrire « …de l'écriture sa liturgie ». Elle a frappé et sans attendre ma réponse, elle a ouvert la porte, m'a vu seul, s'est contentée de dire « À qui parlais-tu ? » Puis elle a refermé la porte. Un peu sèchement à mon goût. Mais c'est là sa manière. Peut-être voulait-elle me faire admirer de nouveau la belle robe qu'elle portera une seconde fois, quand ce sera mon tour.

Quand tu as lu le portrait que je venais d'écrire, tu t'es levé, tu as ouvert en grand les portes-fenêtres du salon de Saint-Pardom. Il faisait nuit. Le vent d'août s'est engouffré chassant la senteur fine de l'encaustique, livrant les odeurs fortes de la nuit, odeurs de feutres noirs et de feuillages denses quand au sortir du Café du Commerce, les notables de la ville tardent à rentrer chez eux et parlent de socialisme. Tu me l'as dit, ce soir-là : ton mal est sans corps. Il ne relève pas de l'analyse, il vient de tous et de partout. « C'est le malheur des hommes, quand, avides, ils mettent leur intelligence au service de leur perte. » Je me souviens. Tu as dit « per-te » en séparant très nettement les deux syllabes de ce mot qui brusquement frappa doublement.

Puis lentement, tu es revenu vers moi. J'étais assis, penché de l'avant, tête basse, les coudes sur les genoux, les mains croisées. Tu t'es longuement tenu debout, devant moi. J'ai senti tes mains se plaquer sur mes oreilles, me saisir pour me relever. Et face à toi, ma tête dans l'étau de tes mains, de tes pouces tu as essuyé mes yeux. Deux larmes lourdes, piquantes, qui ne sortaient pas. J'avais eu peur de t'en avoir trop dit, sentiment de sacrilège. Et tu as murmuré « Tu pleures, maintenant ? » Je me suis jeté contre toi et nous nous sommes étreints, comme cassés, l'un l'autre. Tu as dit à voix plus basse en souriant « Ça ne te ressemble pas » pour ajouter ensuite, « ça nous ressemble trop ». Tout cela je le revois et revis avec la précision d'un de ces films parlants, si fort en vogue en ce temps présent et dont tu me disais au seuil de cet an, « il ne manquait plus que ce dogmatisme-là. Les églises vont se vider, les salles noires vont se remplir. Ils vont inventer toutes sortes de désirs ! »

Mais, fait marquant de ce troisième jour, je noterai ici, la présence, au cimetière, mais au cimetière seulement car il n'était pas à la Cathédrale pour le service funèbre, de Martial, seul, sans sa femme, grandi, forci, presque

76

bouffi par la vie. Il se tenait un peu à l'écart, casquette à la main, comme s'il avait voulu, bras croisés à hauteur de ceinture, cacher son sexe derrière son couvre-chef. C'est ainsi qu'il se tenait, le petit galopin de nos corps. Avec pudeur. Il avait sans doute tenu à être là, tant pour toi que pour moi. Je l'ai observé. Pas un instant il n'a osé regarder ton cercueil, mais il m'a continuellement suivi du regard. Sabine l'a remarqué et m'a glissé « C'est un scandale! ». J'ai dû répondre « C'est notre métayer, ma douce ». Elle a eu un petit pincement de lèvres « Oui, le nôtre, mais pas celui de Joseph, alors?… » Ce n'était ni le lieu ni le moment propice à une dispute. Je ne me serai donc jamais disputé avec Sabine. Et à écrire ce que je lui dis couramment « Oui, ma douce… » « Non, ma douce… » je me prends à penser que dans toute cette douceur il y a cruelle ironie. Et quelque part cette ironie n'est que tendresse, espérément. Après tout, les sœurs Bérard étaient fières de nous épouser. Et il me faudra bien sans aucune censure, que je recopie aussi les messages que nous nous sommes adressés au moment de notre mariage. Le même jour? Tous quatre!

Oui, Martial, notre enfant sauvage, l'enfant de notre guerre, notre protégé, notre ami, celui par qui nous sommes devenus adultes, vieillis, était là, devenu grand, méconnaissable, chauve, le visage dégoulinant de sueur ou bien de peur. Il est venu, Joseph! Il me faudra aussi retrouver ses lettres de soldat. Son écriture qui tenait tant de la tienne que de la mienne tant nous n'avions eu de cesse et d'amour de lui enseigner son alphabet, puis les mots, puis les conjugaisons, puis la ponctuation jusqu'à ce que la guerre nous le ravisse, et nous le rende, étranger, lointain. Il était là. Méconnaissable. Sans doute avait-il mis son beau costume. Le seul. Celui qu'il ne met jamais. Celui que nous lui avons offert pour qu'il soit beau le jour de son mariage. Un de tes costumes, ou bien un des miens? Je ne sais plus! Je ne me souviens que d'une chose: il n'a pas tardé à prendre épouse après l'armistice. Il était venu pour nous l'annoncer. Et simplement nous demander un costume, celui-là qu'il portait aujourd'hui. Voilà, de Martial il faudra aussi rendre compte.

Il se fait tard. La nuit tombe. Une bouffée de géranium se lève de la terrasse. Quelle odeur agaçante. Mais Sabine aime tellement ces fleurs. Sans doute a-t-elle détecté que de toutes les fleurs, celle-là seule t'indisposait tant elle est imposante, en ce qu'elle diffuse, la nuit tombante. Et les vasques tout autour de Copeyne, cette année plus que jamais, croulent de ces faiseuses de parfums lourds. Et quand le soleil, les ayant bien léchées toute la journée, chavire, elles exhalent et se répandent. Et me parlent de toi. Pour un peu, j'étoufferais moi aussi.

Par la fenêtre, ombre se détachant sur le sombre de la nuit, je vois un coin du toit de Saint-Pardom. À l'horizon, le clocher de la Cathédrale Saint-Pierre, celui de la chapelle des Carmélites et les frondaisons de la Promenade. Un premier soir se couche sur ta tombe, Joseph, comme pour calmer le feu du jour, gommer le noir des robes, arracher à Martial sa casquette et dire aux vents de tout effacer bien vite de toute surface existante quand en moi, tu t'installes et me dis, une dernière fois, de bien prendre soin de toi. Soin de nous.

Trente-deux jours d'agonie! Je les ai comptés, ces jours pendant lesquels le Docteur Berthollet, successeur du Brigand, se contentait de passer en fin de journée pour répéter que tu étais perdu, qu'un peu de morphine, peut-être. Et ce geste de ta main, paume tournée vers nous, doigts tendus, comme brusquement une véhémence en toi, pour refuser toute piqûre quand de l'office on apportait déjà la casserole d'eau bouillie avec la seringue, quand le docteur préparait son matériel. Non, pas de rêve pour ta mort. Et tu demandais d'un regard, à Clothilde, de nous laisser de nouveau ensemble. Je reprenais ma lecture. Je relisais tout cela du latin, qui nous a inspiré tant d'orgueil et d'âpreté à nous défendre. « In medium quaerebant, ipsaque tellus omnis liberus, nullo poscente, ferebat… » Les récoltes étaient mises en commun, et la terre produisait tout d'elle-même, librement, sans contrainte. Ô langue vivante entre nous qui a purifié l'air jusqu'à ton dernier souffle.

Et tout cela que nous avions lu, et relu toute notre vie durant, me fut, pour cette longue lecture d'agonie, d'un sens neuf, poignant, étrangement renouvelé. Parfois, d'un autre geste, tu me demandais de relire un passage. Celui-là par exemple, de Tite-Live, la défaite et mort d'Hasdrubal. À nommer Marcus Livius ou Lucius Porcius j'appelais à ton chevet toutes sortes de témoins, de héros et d'amis. Quelle bataille!

Et si parfois ma voix, hésitante, trahissait ma peine, un si léger sourire s'esquissait sur tes lèvres et s'estompait du même élan. J'entendais alors le petit sifflement de ta respiration plus vivement, plus ardent à te vriller du dedans. Tu étouffais, c'est tout. Tu es donc né en étouffant. Et je ne suis pas aujourd'hui sans penser qu'il en est ainsi de toute vie humaine quand intégrité et désir commandent tout, quand la loi des hommes n'a plus de prise sur ceux-là, fous, qui veulent exister envers et contre tout.

Et plus je lisais, plus cela que je livrais par la parole semblait te réanimer, prolonger ton agonie. Quand parfois tu écoutais ce qui dans ma voix démasquait mon inquiétude à te faire souffrir de la sorte, alors, d'un léger signe de la main tu m'indiquais de continuer. Tu me regardais, Joseph, tu me regardais! Ce même regard que tu m'adressais, quand me devançant, tu te retournais inquiet de voir si je te suivais bien. Et aujourd'hui encore, tu me devances.

Il y a du bruit, sur la terrasse. Clothilde et nos enfants viennent d'arriver. Henri veut me présenter Jeanne, sa fiancée. Déjà! Henri m'appelle. Nous avons déjeuné à Saint-Pardom, nous dînerons à Copeyne. Je ne saurai donc jamais laquelle de ces deux maisons fut la nôtre.

Et tu seras là, avec moi, dans moi, les observant t'oublier déjà. Ils rient. Je les entends. Un rire que tu acceptes, je le sais. Un vent a soufflé. Il se perd. Et moi, j'essaie de le capter.

Sabine a l'intention de monter à Paris et de s'y installer au cas où Henri réussirait son examen. Plus rien ne compte pour elle que ce fils qui m'est étranger. Ils m'appellent cette fois tous en chœur. Je te quitte.

27 septembre 1906. De Joseph. Le poignard d'argent

Trente hommes venus d'Espagne pour les vendanges. Robert, le métayer de la Sarriete, m'a demandé de venir. « Ils sont durs », m'a-t-il dit, « et je crains le pire. »

Quand nous sommes arrivés, Roland et moi, dans la cour de la ferme, un vent de poussière s'est engouffré par le portail comme s'il voulait nous pousser. Un vent sec et picotant. Mon chapeau de paille s'est envolé. Les hommes, assis à l'ombre du mur d'enceinte, ont ri. Puis ils se sont levés. Roland a voulu courir après le chapeau. Je l'ai arrêté et tenu par le poignet un assez long temps, oubliant que nous n'étions pas entre nous. Curieusement, ce geste a imposé le silence des hommes. Comme une dureté.

Puis, Robert vient à notre rencontre, au milieu de la cour. Un petit gosse de cinq ans va ramasser le chapeau et, nu, heureux, courant vers nous, me le tend en riant. « C'est Martial, mon aîné ! » Robert prend appui sur la tête de son fils, enfant sorti de la paume de sa main! Et comme nous l'observons, le petit gosse se couvre le sexe d'une main. Je remets mon chapeau. Roland défait le col de sa chemise. Robert nous fait signe de le suivre.

Dans la salle de ferme, une grande table médiane, une chaise d'un côté, deux chaises à chaque extrémité. Robert nous conseille de nous asseoir, chacun en bout de table. Où sont sa femme, sa mère et ses deux filles ? Un craquement de parquet au premier étage de la ferme m'indique qu'elles se cachent. Robert fait signe à Martial de rester dans la cour « Ou alors, va t'habiller ». Le petit répond « non ! ». En posant une bouteille de liqueur de prune sur la table, Robert regarde son fils durement, jouant à l'ogre pour lui faire peur. Le petit Martial répète « non ! », comme un éclat de rire et il part en courant, face au vent. Robert ferme la porte.

« Le vent brûlait nos raisins. Il a fallu faire vite. » Robert nous sert un verre et nous trinquons ensemble. Mais ni Roland ni moi ne buvons de la liqueur amère. Robert a vidé son verre d'un trait et nous regarde, étonné « Si vous ne buvez pas, Monsieur Joseph, il n'y a pas d'amitié. Et vous Monsieur Raillac ? ». Roland s'exécute en premier, d'un trait, lui aussi, en poussant un grand « ah ! » racleux. À mon tour, je bois, à gorgées sèches, avec force grimaces. Pour l'amitié. Je les fais rire. Je n'aime d'alcool que celui de notre pays, ce sang vif que je tiens longtemps entre les paumes de mes mains. Je le roule et le chauffe dans son verre, je le bois alors vigoureux, à petits traits. Je l'explique à Robert. Roland en redemande et trinque de nouveau.

Ce qui plaît à notre hôte. « Deux fois n'est pas trop, vous allez voir les Espagnols : à chaque pays c'est plus qu'un drame ! »

Robert ouvre la porte et fait signe aux hommes d'entrer. Puis il prend place entre nous deux, en s'excusant et nous appelant de nouveau « Monsieur ». Ma mère venait, semble-t-il, chaque année pour ce qui est considéré comme une cérémonie. Et ce spectacle, au dire de Robert, ne l'effrayait guère. Ou bien la présence d'une femme intimidait-elle les Espagnols et leur chef, « El Col » !

Rituel : les hommes entrent et s'alignent face à Robert, le long du mur. Je regarde Roland. Il baisse les yeux. Nous nous sentons bien guindés, et tout à coup, à une lieue à peine de Saint-Pardom, bien citadins. Ou bien est-ce le rôle de propriétaire que Robert me fait jouer, en bout de table, comme un juge ?

Un dernier homme entre et claque la porte derrière lui. C'est le « Col ». Il prend une chaise, nous salue d'un hochement de tête, et va s'asseoir en face de Robert. Ses hommes, derrière lui, se placent comme des soldats au repos, un pied en avant, bras ballants. Leurs regards convergent sur le tiroir de la grande table que Robert ouvre lentement, nous regardant de droite, de gauche, comme s'il avait peur que nous manquions le meilleur du spectacle. Il prend alors en premier, dans le tiroir, un grand pistolet qu'il charge et qu'il pose devant lui, le canon tourné vers le « Col ».

En réponse, le « Col » tire de sa ceinture un long poignard d'argent et d'un geste large, le plante net sous la table, à portée directe de sa main gauche. Les hommes rient. Le « Col » leur fait signe de se taire.

Robert, en silence, extrait alors du tiroir une grande feuille de papier avec une liste de noms et un gousset plein de sous qu'il renverse en vrac sur la table. Il plie le gousset précautionneusement et le replace dans le tiroir qu'il ferme du bout des doigts en se penchant un peu, rapprochant sa chaise. Puis il compte les sous, les empile soigneusement. Tout un temps de silence et d'observation. Le parquet du premier étage ne craque plus. Vingt-neuf petites colonnes, toutes égales et Robert brasse le solde, paume a plat sur la table, et le fait glisser d'un geste vers le « Col » qui empoche prestement sans compter.

Suit alors l'appel. À chaque nom « Pedro Garcia Ripoll », « Antonio Vasquez Tarrebo », « Javier Rivera Angulo », un homme s'approche, signe d'une croix, en face de son nom, là où Robert pointe du doigt, sous l'œil vigilant du chef. Un faux geste et Robert saisirait son pistolet, le « Col » brandirait son poignard. Ils se tueraient. Le sentiment de cette scène, à tenter de le restituer, est bien celui d'un drame, d'un jeu de machos, pour se prouver, prouver à qui, quelle virilité ?

Derrière la porte, Martial, les mains à plat sur la vitre, regarde la scène les yeux grands ouverts, comme s'il avait été prévenu, lui aussi, d'un danger. Il est là, petit gosse fasciné par l'ombre de la salle et les regards rivés de ces hommes silencieux, barbes rudes, mains taillaadées comme violacées par les vendanges et qui un à un, s'approchent, signent, empochent l'argent puis reculent.

Quand ils furent tous passés, qu'il n'y eut plus d'argent sur la table, d'un même geste, les yeux dans les yeux, Robert et le « Col » rangent leurs armes. Le pistolet dans le tiroir. Le couteau d'argent dans la ceinture du chef. Le « Col » se lève sans mot dire. Aucune expression sur son visage. Il fait signe à ses hommes de sortir. Martial disparaît de derrière la vitre comme un petit diable. Les hommes quittent la salle, un à un, la tête haute, clignant légèrement les yeux, comme pour accommoder de nouveau sur la lumière écrasante qui leur montrera le chemin de l'Espagne, le chemin du retour. Chacun prend son baluchon à l'ombre du grand mur. Et tous franchissent le portail de la ferme sans se retourner, sauf le « Col » pour saluer Martial, debout sur une meule de foin qui crie « Adios » en riant. Le « Col » salue l'enfant mais ne nous salue pas. Nous n'existons pas pour ces hommes. « Et c'est ainsi, Monsieur Joseph, chaque année. Je ne connais d'eux que des croix. »

Ce n'est que lorsque je demande à Robert pourquoi il a tant tenu à ce que nous venions, que sa vraie voix se fait entendre. Voix grave à l'accent chantant. « Votre mère », explique-t-il « venait ici en propriétaire. Mais vous, c'est différent. Vous n'êtes pas encore d'ailleurs, mais vous n'êtes plus d'ici ». Et sur un ton amusé, il me conte qu'une semaine auparavant, rendu en fin de journée près de Marsolan, il s'était perdu en cherchant la ferme d'un certain Barzouille. Un paysan était dans un champ à qui il demanda son chemin. « Et savez-vous, Monsieur Joseph, ce que ce sacripant m'a répondu ? Pas savoir, pas aller ! » Robert me regarde longuement, puis il sourit à Roland. « Je me suis senti encore plus perdu qu'avant. Alors je suis revenu bredouille de chez le père Barzouille qui d'ailleurs voulait me vendre des jars prétentieux que mes oies n'auraient même pas regardés, alors… »

Nous revenons dans la salle de ferme. Robert de nouveau nous sert de la liqueur et cette fois nous buvons gaiement. « Ces Espagnols, quand ils passent la montagne, c'est à croire qu'ils attachent leur soleil dans leur dos. J'ai cru que nos vignes allaient flamber ! » Liqueur aidant, la voix de Robert se fait plus grave et plus chantante encore. Martial surgit en riant dans la pièce et va s'asseoir sur les genoux de son père en mâchonnant un brin de paille. Martial me regarde, ou bien Roland. Son visage va de droite, de gauche. Robert murmure : « Un jour, ils me poignarderont. Pour un sou. Au début, je n'avais pas peur. Je croyais que ce n'était qu'un jeu. Mais de vendange en vendange, je me suis mis à écouter leur silence. C'est profond Monsieur Joseph, Monsieur Raillac, un silence comme ça ! C'est un silence qui serre les dents. Et comme ils disent, en bocas cerradas no entran moscas, dans une bouche fermée, les mouches n'entrent pas ! » Martial comprend, et sourit. Son père le regarde. « Et celui-ci qui ne veut pas entendre parler d'aller à l'école ! Ce n'est plus chez moi, ici, c'est chez lui !

Pardon Monsieur Joseph, c'est chez vous. » Je crois que j'ai rougi. Comme un gosse. Comme Martial qui me regardait alors, inquiet. Robert précise « Martial, ici, fait la loi. Il a raison, en dehors d'ici, tout est estranger! Il n'y a que des estrangers! Elle est bonne ma liqueur, alors, au bonheur de l'amitié! »

Nous repartons. Martial nous devance, tout nu, les mains croisées dans le dos. « Ils viennent, Monsieur Joseph, ils ne disent pas un mot. Ils font leur travail et ils repartent. Les mauvaises langues disent qu'ils tuent tous les chats qu'ils trouvent et qu'ils ne se nourrissent que de ça. C'est peut-être vrai. Trois de chez moi, ces dernières semaines, ont disparu. » Au portail, Martial s'arrête, me prend par la main et, se mettant sur la pointe des pieds, me fait signe de me pencher. Il me donne un baiser. Roland par contre l'intimide. Robert se moque de son fils et lui explique que ce que l'on fai-sait à l'un, il faut toujours le faire à l'autre. Martial exécute. Je crois que Robert, Roland et moi avons ri. Martial a haussé les épaules.

Oui, nous sommes tous des estrangers, prêts à nous poignarder. À moins d'un baiser d'enfant nu. La paille et le vent!

Et plus qu'un drame, c'est quand il n'y a pas de drame. Le vrai théâtre, sans coups de théâtre, est celui de la vie, quand on l'observe, quand on l'écoute. Mourir pour l'erreur d'un sou.

20 juin 1905. De Joseph. L'arc-en-ciel

À ce jour, la Dépêche fait grand cas de l'épreuve éliminatoire française de la Coupe Gordon-Bennett, gagnée par Théry et Muller, son mécanicien, sur voiture Richard-Brasier. La course a eu lieu en Auvergne, sur un terrain paraît-il fort accidenté. Les 547 kilomètres ont été couverts en 7 heures et 34 minutes à une vitesse de 72 kilomètres à l'heure. Voici donc ce qui passionne, et me passionne puisque je l'ai lu et lui donne une importance suffisante pour entamer ce texte, notation d'une autre actualité, celle qui trame la vie de Roland et la mienne.

Encore faudrait-il que j'explique cet honneur : Gordon, Bennett, Théry, Muller, Richard, Brasier, autant de noms inconnus que la citation d'un journal brusquement auréole. Il y a là-dessous une volonté d'épater, et pour cela d'aller plus vite, encore plus vite. Dans quel siècle venons-nous de prendre place ? Places forcées, s'il en fut, puisque nous venons, Roland et moi, de vivre ce qui suit, et qui risque de nous faire juger fous.

Il a plu, hier, en toute fin de l'après-midi. Un de ces orages qui semblent vouloir arracher aux arbres leurs feuillages, quand le vent joue à l'ouragan et la pluie flagelle en même temps jusqu'à la grêle quand elle s'exaspère. Nous revenions, Roland et moi, de Polignac, une de ses fermes à l'abandon. Roland se plaît à la voir abandonnée, prétendant que la terre a besoin de se reposer et que par là même elle s'enrichit quand nous n'avons pas besoin de sa richesse. La conversation que nous eûmes à ce sujet ne sera pas ici relatée tant Roland se complaît à ne pas vouloir admettre, en lui, la part du propriétaire. C'est son côté Sciences Politiques. Il eût fait sans doute un habile diplomate tant il excelle dans l'art de ne pas admettre ses vérités. Il les habille d'un sourire. Il fait semblant d'ignorer que les rares terres qui n'ont pas été confisquées par les valets de l'Empire second, lors du procès de son sacré carillonneur de père, sont encore jugées, trois, quatre décennies plus tard, maudites par ceux-là des métayers qui devraient les exploiter. Les terres d'un cayennard, pensez donc! Alors Polignac se prélasse sous ses broussailles et ses orties. On y dit même que les serpents s'y réfugient et que le gibier s'y plaît. J'écris ceci pour Roland, oui, pour toi mon ami, afin que tu saches si jamais, ici, tu me lis, que je ne suis pas dupe de toutes tes fiertés. Certaines me paraissent parfois mal placées. Non en termes de manque à gagner, mais au sens d'une trahison, car la terre se travaille et les sillons sont sa respiration. Me voilà donc encore à me soucier de tout ce qui respire. Moque-toi!

L'orage nous a traqués. Nous l'avons vu rouler, grondant, écrasant comme si les nuages avaient voulu violer notre terre sans éclater. Ci et là, en lambeaux, ils se défaisaient et se perdaient dans les prés. Puis, signe de rupture, un vent lourd s'est levé, comme une riposte de la terre refusant l'étreinte, appelant la pluie, ce vent dont on ne sait plus de qui il est le complice, de la terre ou du ciel. Roland m'a pris la main. Le geste qui en fait est mien quand, lors de nos longues randonnées, le souffle coupé, j'ai besoin de saisir, d'être guidé, de me laisser mener. Un geste qui, pour le quidam semblerait ridicule, et qui pourtant est simple, admis, par exemple chez les jeunes Siciliens. Sandro nous prenait bien tour à tour par la main. Ce geste est devenu notre alliance.

Puis la pluie commence à tomber, à gouttes rares et lourdes. Plus nous pressons le pas, plus la pluie devient cinglante et drue. Nous nous réfugions sur une hauteur, contre l'oratoire Saint-Jacques, debout, collés au mur, abrités par la génoise du toit, un rideau de pluie tombe devant nous.

« Le goût de la pluie, tu sais ce que c'est ? » me demande Roland. Je fais signe que non. Il lâche ma main, me saisit par la nuque, et m'embrasse. « C'est ça ! » Et il rit. Je me souviens alors d'avoir respiré l'odeur de nos cheveux mouillés mêlée à celle de la pierre de l'édifice qui nous abritait. Roland chantonne une musique sauvage, inventée, les lèvres à peine entrouvertes, dents contre dents, comme un chant de guerre, rauque, qui ne peut pas sortir de sa gorge.

« Et le goût de la terre mouillée, tu sais ce que c'est ? »
Il recommence, m'embrasse. « Et si !... et si !... » Il
crie en retirant sa veste de toile grise et sa chemise
blanche. « Je suis fou, je sais ! » Il retire son pantalon,
son vêtement de contact, enlève chaussures et chaussettes et pose le tout en boule, contre le mur. « Viens ! »
Je ne bouge pas. « Mais justement, tout le monde
nous regarde ! » Il fait quelques pas sous la pluie, bras
tendus vers le ciel. Je le vois de dos, cambré, le creux
de ses reins, corps dégoulinant de pluie. Il se met à se
frotter. Il se retourne. « Viens ! Sinon la foudre va
tomber ! »

Enfants, nous jouions à ces jeux. Mais là, Roland me
surprend. Depuis notre voyage en Italie, nous avons
pris l'habitude de limiter l'espace de nos rencontres
aux murs de notre chambre. Ils donnent l'impression
de protéger des regards. Or, brusquement, Roland
recommence. Il se rue vers moi. Nous nous battons. Il
se heurte la tempe sur la pierre alors que je le repousse.
Un peu de sang perle. Je veux m'excuser. « Non, désha-
bille-toi ! » Il s'éloigne en chantonnant. « Fais vite ! »

Ces appels me cognent à les écrire ici, ils deviennent
comme des cris. Je mets mes vêtements en boule, sur
les siens, comme si dans cette situation je devais jouer
le rôle protecteur. Mon regard sur Roland doit être
tous les regards des curieux et des voyeurs possibles,
des dénicheurs de scandale, des promeneurs égarés,
comme nous. Je le rejoins. L'orage gronde et la pluie
devient étonnamment tiède et frappante. Roland me
pousse dans l'herbe et s'amuse à sauter au-dessus de

moi. Je l'attrape par le pied. Il bascule. Je le plaque au sol, tenant fermement ses poignets, et me couche sur lui. Il crie « Bravo! ». Il essaye de se dégager, renonce, et me dit en riant, très fort « Crache… allons, crache-moi dessus! ».

Il me regarde, il sourit « Lâche! Qu'est-ce que tu attends! ». Mon ventre contre le sien, mes cuisses plaquent ses cuisses, nos pieds se crochètent, nos sexes croisent le fer, s'incrustent dans nos ventres, les bras tendus sur ses poignets, mon buste relevé, et lui roulant sa tête de droite, de gauche en souriant, je lui crache en plein visage, crachat mêlé à la pluie. Tête immobile, brusquement, il m'observe, surpris et grave. Il se redresse un peu et à son tour me crache en plein visage pour, d'un sursaut, se dégager, rouler dans l'herbe, se relever et partir en courant, en contrebas, bras en croix, saluant le ciel, la pluie et les coups de tonnerre.

Je suis resté allongé. Étonné. Je venais de jouir sans m'en apercevoir. Comme une giclée sur mon visage et sur mon ventre. Rien de plus novateur qu'un corps, confronté à un autre corps quand la complicité du désir mène ce qui est combat. Nous n'apprendrons jamais assez à nous départir des tabous et des norma-lités. Le couple, quand il est, tournoie vite et son lan-gage ne répond plus à aucun critère. Ce que Roland m'a demandé va encore tout modifier de nos rapports, tout comme la lecture de mon portrait modifia le par-tage de nos nuits. Ce qui n'était que sommeils paral-lèles est devenu, par la suite, écoute mutuelle puisque, désormais, nous nous observons sans nous l'avouer et par la grâce de nos écrits échangés nous avons appris à admettre ce qui était partage, échange au gré des heures de la nuit.

Je m'essuie le visage, salive et pluie, et je rejoins Roland. Nous nous asseyons dans l'herbe, côte à côte, les coudes sur les genoux, mains croisées, à regarder le même paysage en silence. Mesurons-nous sous ce ciel battant, ces nuages dérivants, dans ce fracas d'éclairs et de grondements, sous les coups harcelés de la pluie, tout ce qui nous sépare encore, tant nous avons à inventer pour nous rapprocher? Il n'y a d'insulte que dans le refus de tout amour. Roland murmure « Il vaut mieux que nous ne soyons pas sous un arbre ». La foudre tombe presque au même instant, à moins d'une demi-lieue, sur un jeune chêne qui se met à flamber, puis très vite, mouillé, à se consumer dans une fumée noire, colonne sinueuse, montant vers les nuages, les noircissant un peu. Tout cela nous paraît normal. On croit toujours que la foudre tombe ailleurs.

J'aurai vingt-huit ans dans trois jours. Roland et moi arrivons à un seuil. Peut-être sommes-nous comme Théry et Muller au volant de leur Richard-Brasier. Nous savons de mieux en mieux user de la machine de nos corps, pour des records. Mais là, l'exploit ne concerne que nous. Que ce texte soit notre manière de Dépêche dont la nouvelle unique du jour serait celle d'un orage et de deux ténébreux qui se crachent dessus. L'irrecevable serait que cet écrit sorte de nous, de cette société microscopique, à deux, qui est notre loi.

Chaque ligne, ici, est œuvre absolue. Je suis à la fois l'auteur, l'éditeur, l'imprimeur et je n'ai besoin que d'un lecteur. Chaque ligne : exemplaire unique, pour toi Roland, dédicacé. Et ce texte, tu ne le liras que plus tard, peut-être jamais, puisque je le dissimulerai. À moins que je sois le premier à te quitter, auquel cas, je te le remettrai, avec tous ceux-là que je t'ai déjà cachés et que je te cacherai, afin de t'aider à recomposer les faits de notre vie. Alors seulement, peut-être, décideras-tu de te tourner vers les autres, pour leur dire nous avons existé au risque de nous faire injurier, accuser de toutes sortes de lyrismes, quand notre vrai sujet est corps à corps.

Le corps, matière, est douceur et violence de toute pensée, lieu suprême de tout échange, territoire par lequel on se doit de passer pour tout perdre et exister, quand la loi de notre siècle est celle du gain et de la gomme.

La pluie devient capricieuse, cravachante par instants, puis hésitante, pour devenir oblique, se calmer et nous gifler de nouveau. Je crois que nous avons un peu froid à nous tenir ainsi l'un à côté de l'autre, à écouter notre silence, comme un vertige, à nous sentir mutuellement bafoués et grandis par l'acte d'un crachat. Toute jouissance est crachat ! L'idée même de saleté est artifice, entrave à l'étreinte quand elle se veut assumée. Combien de temps sommes-nous restés ainsi, à scruter le chêne, sacrifié au rite de l'orage, et en contrebas, les prés, les sentiers, les haies, cette architecture de la nature, cette terre qui a soif et qui boit ce qu'elle reçoit sans se demander si c'est bien ou mal, bon ou mauvais, si ça se fait ou ne se fait pas. Le crachat fut notre manière de tonnerre et d'orage, de menace. Un baiser.

Quand la pluie s'est définitivement calmée, à ce moment où les nuages se dissipent, Roland se tourne vers moi, pose son menton sur mon épaule et me regarde en souriant. Il me dit « Compris? ». Puis il rit. Le soleil se met à percer jetant, ci et là, des rayons, crevant les nuages et se plantant, colonnes d'un temple pour nous accueillir. Un arc-en-ciel se forme. « Regarde bien », murmure Roland, « là où il prend appui ». Et il pointe du doigt un bosquet sur la gauche, décrit un demi-cercle pour s'arrêter en haut d'un mamelon. Entre les deux points de repère, des prés, un ruisseau, un champ de blé, un escarpement avec une ruine, le chêne calciné.

Son menton me fait mal à l'épaule. Roland pivote sur lui-même, s'allonge, nichant sa tête au creux de mon ventre et de mes cuisses, levant les yeux vers moi, à la verticale. Je m'écarte un peu, m'arc-boute sur mes bras, mains à plat dans l'herbe gorgée d'eau. Curieuse impression que celle de la pluie qui sèche à fleur de peau, astringente, presque acide, comme si elle laissait des plaques, une marque. Troublante présence de cette bête, au creux de moi-même, comme une naissance. Roland me regarde. « Cet arc-en-ciel est un portail. Le plus grand de tous ceux que nous aurons franchi. Il nous faudra aller d'un point à l'autre de ses appuis, nous rejoindre en son centre, et l'ouvrir. Regarde bien d'où à où, quand nous l'approcherons,

il aura disparu. » Est-ce là les mots justes qu'il a pro-
noncés? Les mots peut-être, manque l'intonation, le
ton quasiment agressif car Roland donne à chaque
mot une pulsion, une hâte. Il parle par saccades. Il
provoque. Roland se lève d'un bond. « Allons-y! »

Nous habillons en vitesse. Roland a essuyé mon ventre
avec le pan de sa chemise en me traitant de petit
cochon. Il parle. Il se vante. « Moi, j'ai joui, après toi,
c'est parti avec le vent, les bras en croix, je te tournais
le dos. Pas besoin de me toucher. Les nuages me
léchaient. »

Nous descendons, herbes glissantes sous nos pieds,
évitant les chemins embourbés, crevés de flaques.
L'arc-en-ciel s'effaçant à notre approche, il nous faut
vite rejoindre chacun de nos postes. Moi, près du bosquet, et lui en haut du mamelon. Et de loin, distants
d'une centaine de mètres, nous nous adressons un
signe de la main et nous nous dirigeons à pas mesurés
l'un vers l'autre, parcours rectiligne. Je traverse un
pré. Roland passe près du chêne. Puis je saute une
haie. Roland disparaît derrière la ruine. Autre pré,
droit vers mon ami. Roland réapparaît, puis un chemin creux, une petite escalade, des buissons d'épines,
une odeur de seringa, l'impression que les ronces veulent me retenir d'aller vers celui qui se fond en moi,
creux de sa tête dans mon ventre, regard vertical me
poussant vers le ciel, comme si nous nous envolions.
Puis la descente, un petit vallon, Roland n'est plus
très loin. Je souris. Le ruisseau est très exactement à
mi-distance. Sur la berge, je retire mes chaussures,

relève mes pantalons. Sur l'autre berge, Roland fait de même et c'est les pieds dans l'eau bourbeuse de l'orage que nous nous rejoignons pour nous donner la main, nous tourner vers l'Est et ouvrir le grand portail de l'arc-en-ciel.

Quelques mètres plus haut, les arbres se courbent au-dessus de nos têtes, tunnel de verdure, le niveau de l'eau frôle nos genoux, nous sentons comme un creux profond, comme si nous allions perdre pied. Je pousse Roland et nous nous mettons à nager, tout habillés, en riant pour nous moquer de tous et de tout, pour nous retrouver encore plus proches dans ce qui, plus qu'un jeu, nous exprime dans notre volonté de ne rien admettre et de toujours nous surprendre. L'eau a un goût âcre, comme une salive. L'arc-en-ciel vient de fondre sur nous. Et nous rions d'être encore des enfants. Rien d'excessif en tout cela. Nous nous baignons, c'est tout. Nous sommes tout mouillés, c'est tout. Et nous nous réjouissons d'avoir ouvert une grande porte imaginaire, d'avoir marché, puis nagé dans l'eau de nos bouches.

Jamais poème ne sera assez vrai pour dire cet accord, l'odeur de la pluie, le déchirement des éclairs, les roulements du tonnerre et les montagnes sombres des nuages comme si tout au ciel avait voulu nous ensevelir pour nous garder, dans la position de notre étreinte.

Mouillés, nous sommes rentrés, torses nus, chemises et vestes sur le bras, chaussures à la main. Nous n'avons croisé personne, en chemin. C'est seulement en arrivant à Saint-Pardom que nous avons rencontré la Mère Adeline, cette folle, qui sortait de chez elle, comme chaque soir, se promener dans la ville en chantant ses chansons obscènes. « Qui vaï… qui vaï… li humen di amourousco… » cria-t-elle en nous voyant. Puis elle se mit à chanter ce qu'elle venait de crier, comme pour nous narguer, dans cette langue qui ne tient ni de l'oc ni de notre patois et qui n'appartient qu'à elle. Sa langue, pour chanter ses amours. Quand elle traverse la ville, à l'heure du soir, les mères font rentrer leurs enfants, cachent leurs jeunes filles, et les hommes sur le terrain de boule ou aux terrasses des cafés moquent la folle. « Articule, Adeline, que je tende mon arbalète ! »

Adeline, les mains sur les hanches, nous a regardé entrer à Saint-Pardom. Son chant brusquement vira au grave et ressembla à des aboiements successifs, presque haletants. Roland me prit par le bras. « Ne la regarde pas, elle comprend tout. Elle aussi est entrée dans le corps d'un autre. On n'en ressort jamais intact ! »

Nous avons fait un grand feu de bois dans la cheminée du salon. Nos vêtements séchaient. Chacun dans un fauteuil, les mains à plat sur les accoudoirs, face au feu, jambes allongées, nous avons attendu que les bûches deviennent braises, puis cendres.

Très tard dans la nuit, quand nous avons décidé de regagner notre chambre, Roland a murmuré « La littérature est comme une braise. Il suffit de souffler dessus. C'est le lecteur qui le fait. Lis-moi ! Écris-le !

J'ai senti que tu vivais cet arc-en-ciel pour le décrire. Viens… ». Comme une plaie, sur sa tempe, blessure d'un jour que je veux caresser. « Ce n'est rien. Viens! » Nous sommes montés. J'écris. Il dort encore. Non, il attend que je le rejoigne. Le portail de la nuit. Autres battants. Nous n'en finirons jamais d'entrer dans la cité que nous nous bâtissons.

7 septembre 1906. De moi, Roland. Les pêcheurs de lune

Septième jour de notre randonnée. Nous faisons deux, et parfois trois lieues par jour. Pieds nus dans des galoches cloutées, sacoche au dos, pantalons coupés à mi-jambes, nous faisons rire les habitants des villages que nous traversons. Ils nous demandent ce que nous vendons d'extraordinaire, ou à quelle heure commencera la pantomime. On nous a surnommés tour à tour « Les moustachus de la Galoche », « Les tartarins mi-mollets » ou « Les sans-culottes ». Partout, nous faisons sensation pour rire et pour le plaisir de chacun. Il est vrai que, coiffés de nos panamas, notre tenue a de quoi surprendre, mais aussi, peut-être, l'identité de notre costume de voyageurs nous fait-elle ressembler à de ridicules jumeaux, enfants qui auraient grandi trop vite.

Ce grand tour de notre ville doit durer onze ou douze jours. Nous avons décidé de le faire à pied, avec l'équipement le plus léger et le moins gênant. L'idée de couper nos pantalons à mi-hauteur nous est venue juste avant le départ, et comme nous n'avons, ni

Joseph ni moi, de domestique à demeure, nous avons renoncé à faire un ourlet. Nous avons coupé, c'est tout. Et plus nous marchons, plus la frange s'effiloche au point qu'un cabaretier m'a fait remarquer que cela devait servir de chasse-mouches.

L'expression de tour de notre ville nous plaît. Il s'agit d'un vrai voyage puisque, cartes d'état-major en main, nous avons dessiné un cercle dont notre ville est le centre et le rayon, la distance qui nous sépare de l'horizon. Nous faisons donc la balade circulaire de tout ce qui tout autour de nous, de Saint-Pardom ou de Copeyne, constitue la limite du ciel. Ne nous sommes-nous pas amusés, en gagnant notre point de départ, qui sera aussi notre point d'arrivée, de penser qu'en ce lieu nous nous trouverions au bord d'un gouffre?

Hier, nous arrivons à Montestruc. Il y a noces. Sous les platanes de la Grand-place, à la terrasse du Cercle Républicain, on festoye. Notre intention est de nous restaurer, mais il y a tant de monde que nous décidons de faire demi-tour. Le marié nous aperçoit, se lève sur sa chaise et nous appelle « Oh, les fadas! ». Tous les convives nous regardent. Et nous voilà à table avec les autres. « D'où venez-vous? » « Où allez-vous? » nous répondons évasivement « Nous nous promenons. » « Boun Diou, ils se promènent! » La mariée elle-même nous sert à boire. Il est trois heures de l'après-midi. Le repas durera jusqu'au soir. Il faut rester. De temps en temps, Joseph me regarde et sourit. Que faire? Lentement, nous nous abandonnons à la fête.

Tout le village est là. Plus les amis, proches et connaissances du marié. Et surtout ses cousines Bérard, dont il vient à plusieurs reprises nous parler à l'oreille comme s'il s'agissait de perles rares. « Là-bas, les deux en rose, ce sont les filles du Bazar de la ville… » Je ne devrais pas écrire « rose », mais « raozeus ». Comme l'accent fait bien les choses. Pardon, les chaozeus. Comme on le perd à vouloir le mettre dans les boîtes grises des mots !

Puis ce fut au tour des musiciens. Les mariés dansèrent maladroitement, en premier, sous les sarcasmes et les applaudissements. On boit, on trinque. Le marié nous propose de nous prêter des pantalons pour que nous allions inviter ses cousines. Mais nous refusons. Nous voulons partir. Joseph explique que nous avons encore beaucoup de route à faire. Le marié répond « La route attend toujours… ». Et il sourit, pour que nous trouvions tout cela très beau, presque une connivence.

Les vieux chiquent, les femmes agitent des éventails noirs, les enfants jouent à se faire peur sous les tables, les chiens aboient, les jeunes filles se tiennent près de leurs mères, et les jeunes gens, adossés aux arbres, mâchonnent un brin de sureau ou fument une cigarette. C'est bientôt l'heure des liqueurs. Le marié revient vers nous « Tant pis. Allez-y quand même. Mon oncle et ma tante vous connaissent et leurs filles veulent danser ». Et nous voilà de nouveau salués par tous les regards. Les musiciens s'arrêtent de jouer et se parlent à l'oreille. Nous serrons la main de Madame Bérard, propriétaire et caissière de notre grand Bazar, puis aidons ces jeunes filles en robes roses, parfaites demoiselles d'honneur, d'un geste courtois, à se lever. Joseph, pour rire se présente à la militaire et fait claquer ses talons. C'est une valse que les musiciens jouent pour nous quatre, pour nous seuls car, pour tous, nous sommes de nouveau attraction, ce qui semble amuser la demoiselle Bérard que Joseph fait danser, mais pas celle que je tiens par la taille et fais maladroitement virevolter. Le rythme de la valse est lent, pesant, presque une bourrée. Nous tournons en faisant traîner nos pieds plus que n'esquissons des pas véritables. La scène est ridicule mais elle plaît à tous, sauf à ma cavalière qui rougit, joues rouges, robe rose, et deux petits yeux noirs qui regardent au vague, au loin, ailleurs, fixement. Je lui demande son prénom. Elle me répond « Sabine… ». Elle grimace. Une bien jolie grimace, puisque ma Demoiselle élue est belle, et le sait.

Puis ceux-là qui n'osaient pas inviter les sœurs Bérard, frères cadets du marié, Denis, Lalo, Étienne, amis du village, Antoine, Albert et le petit Élie, nous entourent comme si nous étions des héros. « Ce sont des pimbêches. » « Leurs parents les ont amenées pour nous épater. » « Vous avez bien fait de leur marcher sur les pieds. » La nuit tombe brusquement. Le Père Bérard va chercher sa voiture. « Et ça conduit de nuit ! Ça va faire de la poussière dans toute la campagne ! » Autour des Bérard, des adieux bien officiels s'ordonnancent. Nous saluons les parents. Leurs filles baissent les yeux. Elles ont les noms de Cayenne et de Rigand sur leurs lèvres, comme leur mère qui nous sourit, mi-flattée, mi-agacée. « Venez nous rendre visite, nous n'osons jamais vous le demander. » Le Père Bérard, fièrement, presse sa dame de monter dans leur engin rutilant. La mariée, heureuse, explique que c'est la première fois qu'une voiture s'arrête à Montestruc. « Et c'est pour moi ! »

Mais si aujourd'hui je veux noter les faits d'hier, profitant d'une halte (Joseph vient de s'assoupir, dans l'herbe, la tête à l'ombre d'une fougère) ce n'est pas pour narrer ce qui ne fut en fait qu'une noce comme toutes les autres noces de notre pays, ce déjeuner qui se termine comme un dîner, presque un souper, tant les plats se succèdent, entremets, poissons, gibiers, viandes rouges, fromages, sans compter les treize desserts, mais pour ne jamais oublier ce qui se passe après, quand Denis, Lalo, Étienne, Antoine, Albert et le petit Élie ne voulurent plus que nous reprenions la route. Ils se proposaient tous de nous héberger chez leurs parents, ou bien dans telle grange où, disaient-ils, « même Surrelac est venu basculer sa Jezabel ».

Les musiciens rangent leurs instruments. Le cabaretier donne des ordres pour que l'on rentre les tables. Sa femme balaie la place. Quelques vieux restent sur leurs chaises, tête cassée, en avant. Ils dorment, cuvent leurs souvenirs. Les jeunes mariés ont disparu comme par enchantement. La mère de la mariée vient nous remercier d'avoir mis tant d'en train et d'humour à faire danser ses nièces qui « s'ennuyaient si fort, parce qu'elles n'étaient pas dans leur monde ». Joseph me glisse à l'oreille « Faire le tour de l'horizon, c'est donc sortir du monde ? ». Il sourit. « Mal dit ! J'ai un peu bu, moi aussi. »

Et c'est là le fait de cette soirée d'hier : l'ivresse, ce faux abandon. Les six garçons nous entourent, plaisantent, imaginent toutes sortes de jeux en répétant « Ce n'est pas fini, pas fini, ça commence ! » Lumières éteintes, c'est un beau clair de lune qui sculpte leurs visages. Ils défont les cols de leurs chemises. Ils pointent du doigt le ciel. « Il va lui crever la lune et ils n'auront pas d'enfants. » Ils rient. Ils fleurent d'alcool. Antoine, le plus âgé (a-t-il vingt ans ?), le plus rustre, aussi, s'écarte un peu du groupe et le front sur le tronc d'un tilleul, mains croisées dans le dos, bouche grande ouverte, vomit, puis se redresse, s'essuie les lèvres et revient vers nous en souriant. Il rote. Le petit Élie rit tout seul. Les autres nous regardent, inquiets de nous fâcher et nous demandent encore de ne pas les quitter. « Allons nous baigner ! » Et nous voilà à les suivre, séduits. Joseph, tout autant que moi, est ravi de leur compagnie. Il m'évite du regard tout comme je l'évite quand il me regarde. Un regard croisé, et nous partirions !

Un chemin, et nous descendons vers la rivière. La lueur de la lune se fait plus vive et bleutée à la fois, ou bien nous sommes-nous accommodés sur elle, je ne sais. Ce que je vois alors est d'ombres sur ombres, comme un halo du côté du ciel, et des silhouettes nettes du côté des hommes. Nous quittons le village. Antoine s'arrête, tire un canif de la poche de sa vareuse et d'un coup net, se tranche la paume de la main. Nous le regardons, surpris. Il porte la main à sa bouche et suce son sang puis tend le bras vers la lune, lève la tête vers le ciel, titube un peu et crie « Il la prend, il est en train de la prendre! » Joseph se rapproche de moi. Je ne veux pas le regarder. Nous devons aller jusqu'au bout de cette rencontre. Denis murmure : « Il faut pas lui en vouloir. Il aime Hélène. Hélène n'a pas voulu de lui parce qu'il est boucher. Il a plein de couteaux dans ses poches! »

Les voilà nus, plongeant dans les eaux glacées de la Verse, criant, s'aspergeant, hurlant ou bien se plaquant la tête sous l'eau. « Venez! » Et nous les avons rejoints. Ils se jettent dans nos bras, comme pour nous battre, mimant la lutte, nous poussent là où nous n'avons plus pied, pour rire, bien entendu pour rire, et pour glisser sur nos corps alors que nous étreignons furtive-ment les leurs. Même le petit Élie plonge et glisse entre mes jambes pour ressortir face Étienne qui me fait front, poings serrés, prêt à frapper en riant. « Ça fait du bon tout ça, oh, l'ami, tu te défends? »

Puis nous sortons de l'eau. Étienne prend Élie dans ses bras. « Il a froid, il tremble. » « Frotte-le, il aime ça. » Leurs rires. Nets, poignants, poignardants, étranges et rauques. Il me faudra réécrire tout cela, l'ordonner. Mais comment ordonner sans parer? Les mots me viennent, seuls, à l'esprit, cassés de toute phrase!

Nus, debout, sur la rive, les pieds dans les herbes cou-pantes, le jeu consiste alors à se frapper pour se réchauffer, à se pincer les joues, a se heurter des épaules, à s'envoyer des coups de pied dans le ventre. À rire, surtout, rire aux éclats, car tout cela doit rester brutal. « Hélène, Hélène nous voilà ! » Et ils s'amusent à se battre avec leurs sexes, ventre en avant, mains derrière la nuque, petites bêtes cambrées. Antoine est fier de son phallus. Mais il ne le touche pas. Personne ne touche personne. On se frôle. On se bat. C'est tout. Le petit Élie vient se réfugier dans mes bras. Cette fois, je croise le regard de Joseph. Il me sourit.

Puis Lalo débouche une dame-jeanne et se met à boire au goulot. La bonbonne passe de main en main. Élie s'endort, contre moi. Plus de cris, plus de jeux, nous sommes assis, en ligne, les pieds dans l'eau, à regarder la rivière calmée, le reflet de la lune et l'autre berge, un champ, un âne, un bosquet puis les bois, une colline et la nuit de l'Est.

Le silence devient partage. Nous sommes huit, un chiffre que les gens du pays n'aiment pas. C'est celui de la mort. Et à serrer Élie contre moi, je ressens comme un pressentiment. Je veux faire signe à Joseph de partir, mais Joseph regarde Antoine, fasciné, ou bien curieux.

Ils boivent encore, et nous buvons avec eux. À poser les lèvres au goulot, je les embrasse tous d'un coup. Cette bouteille devient leur bouche et dispense un vin lourd, âcre, qui me tarabuste encore. La dame-jeanne vide, Albert la jette dans les eaux de la Verse. « Ce porte-bonheur ! » La bouteille flotte, puis sombre, emportée par le courant. Il y a quelques remous, puis la surface de l'eau redevient lisse et l'image de la lune se reforme.

« Si on pêchait la lune » crie Antoine. « T'es fou! » « Tu vas voir! » Antoine se lève, plonge, nage en direction du reflet. L'image, troublée, disparaît. Puis comme effrayé, Antoine donne des coups de poing dans l'eau, en tournant par saccades sur lui-même. « Où est-elle? Où est-elle? » Les autres rient. Le petit Élie se réveille, hausse légèrement les épaules, et se recroqueville contre moi au plus près. Antoine revient vers la berge. Albert et Étienne lui tendent la main, le lâchent. Il retombe dans l'eau. Nous pouffons de rire. Puis Antoine se hisse seul sur la rive, s'ébroue comme un chien, tendant une jambe, puis l'autre, secouant son dos, pointant du doigt la rivière, puis la lune, en criant « J'ai failli l'avoir, je l'ai sentie glisser entre mes doigts ». Antoine regarde les trois frères du marié et ajoute: « Vous verrez, je l'apporterai sur un plateau à Hélène, votre si belle sœur! »

L'eau se calme. Le reflet de la lune réapparaît, net, précis, tentant. Antoine veut de nouveau plonger. Étienne le retient. « C'est possible je te dis! » Antoine pousse Étienne par terre. Lalo et Denis se jettent sur Antoine et le plaquent au sol. « Bouge plus! » « J'y arriverai, je vous dis, j'y arriverai! » D'un coup de reins, Antoine se dégage, bondit, plonge de nouveau, la tête la première, pour disparaître sous l'eau, comme s'il voulait cueillir la lune du dessous, la prendre de surprise, sa lune, son rêve. Et quand au milieu de la rivière, à l'endroit exact du reflet, son visage resurgit, Antoine pousse un cri rauque, et se met de nouveau à battre l'eau. Il rejoint la rive, lentement, calmement, comme s'il se laissait glisser, emporter. Il sort de l'eau et murmure « Je l'aurai! ». Il s'assoit sur ses vêtements, la tête dans les mains. Il sanglote, ou bien il crache, et rote de nouveau, on ne sait plus. Il bave un peu. Il rit. Silence. Un long silence pendant lequel Lalo, Denis, Étienne, Albert, Joseph et moi-même nous regardons. Il faut rentrer, nous séparer au plus vite. Mais le silence est brutal. Antoine relève la tête et voit de nouveau le reflet de la lune. Il répète « Je sais que je peux, je l'aurai… Vous entendez, je l'aurai ! ». Joseph se lève pour se rhabiller, Antoine tire un couteau de ses vêtements, le brandit, et crie : « Bouge pas l'étranger ! » Lalo fait signe à Joseph de s'asseoir. Nous regardons tous la lune et son reflet, la Verse qui coule. Je sens le cœur d'Élie battre tellement plus lentement que le mien.

Sur l'autre berge, l'âne semble nous regarder, se moquer de nous. Il s'approche de la rivière, tend le cou et se met à boire. Des remous se forment en cercles concentriques, comme un frisson à la surface de l'eau qui vient troubler l'image de la lune. « Le salaud » crie Antoine en se levant, poignard à la main. L'âne boit, imperturbablement. Antoine se tourne vers nous et nous prend à partie. « Il me la vole. Il va la boire ! » Joseph se rapproche de moi. Lalo sourit. Étienne se retient de rire. Denis leur fait signe de se calmer. Albert, tête baissée, arrache des brins d'herbe entre ses jambes. Il tremble, ou bien a-t-il froid. « Il boit la lune, je vous dis qu'il boit la lune ! » « Arrête, Antoine, c'est fini, quoi… » « Qu'est-ce que tu as dit ? » Antoine s'approche de Denis, le saisit par la nuque, le soulève comme un sac et le rejette par terre. « Vous êtes des lâches, tous des lâches, vous allez voir ce que vous allez voir. Il l'a bue, je vous dis ! » Antoine tend le bras, montre la surface de l'eau troublée, l'image de la lune, effacée, et l'âne qui n'en finit pas de se désaltérer. « Cette fois, je sais où elle est ! »

Antoine place le couteau entre ses dents, plonge une troisième fois et traverse la rivière. « Reviens ! » « Antoine ! » Nous avons tous crié ce nom. Un nom. Comme ça. Je ne sais plus.

Antoine rejoint l'autre rive. Il s'approche de l'âne qui boit encore. Et il le poignarde une fois, deux fois, dix fois. Au début, je comptais. Un boucher ivre, ça ne sait plus combien de coups ça donne. Denis m'a simplement dit « Mieux vaut que ce soit un âne qu'un homme. Mon frère nous avait prévenus ». Quand j'ai baissé les yeux, Joseph m'a ordonné de regarder. Antoine éventre la bête, corps effondré sur le flanc, dégoulinant de sang et de boyaux dans la rivière. Antoine trifouille tout cela à la recherche de son rêve. Dans son dos, sur la surface même de l'eau, l'image de la lune s'est reformée. C'est tout.

À genoux devant l'âne éventré, Antoine enfouit ses bras, plonge son visage. De l'autre berge, spectateurs, nous regardons. Comme si les spectateurs n'étaient jamais acteurs ! Antoine se relève, nous regarde de loin. Tout maculé de sang, il tend le poing vers nous, puis il pousse le corps de l'âne dans la rivière, il glisse dans les boyaux, se relève, et tournant le dos à la lune et à son reflet, il traverse le pré et disparaît dans le bosquet, dans la nuit de l'Est.

Albert s'est rhabillé en premier. Puis il a pris Élie dans ses bras. Étienne m'a tendu mes vêtements. Lalo a fait semblant de rire quand Joseph a enfilé ses pantalons courts. Le corps de l'âne a disparu emporté par les eaux de la Verse. Une petite tache rouge sur l'autre rive et la lune, chutante déjà. Notes brèves : mais il ne me faudra jamais toucher à cela.

Joseph vient de se réveiller. « Que fais-tu ? » « J'écris. » « Quoi ? » « Hier. » Joseph a repris la route sans rien dire. Je resterai seul, le temps d'écrire ces dernières lignes. Hier, comme aujourd'hui, ou demain, si l'on vit. Les violences n'ont pas de temps.

Quand nous avons quitté la berge, restaient les vêtements d'Antoine. Denis a dit : « Qu'est-ce qu'on en fait ? » Albert a répondu : « Laissez-les. » Lalo les a ramassés et a expliqué en riant : « Non, ce sera plus drôle, je les prends ! » Le jour se levait. Déjà.

Denis, Lalo, Étienne, Albert, Antoine et le petit Élie, jamais je n'oublierai ces noms, scindés. Si jamais je revois l'image de la lune, toute eau se fera de sang, comme au sacrifice de nos espoirs quand ils sont vains, et violents. Les trois frères sont rentrés ensemble. Nous les avons regardés s'éloigner, les mains dans les poches, le dos voûté, tapant dans les pierres. Je me suis pris à penser qu'eux aussi auraient bien roué de coups le beau marié, leur frère aine, ce veinard ! Albert a pris la main du petit Élie. Le gosse m'a regardé et m'a demandé : « Tu reviendras ? » J'ai souri, puis j'ai répondu « Peut-être. » Le gosse s'est tourné vers Albert en haussant les épaules. « Ça veut dire qu'ils ne reviendront pas! » Ils nous ont laissés seuls sur la place déserte. Joseph s'est contenté de dire « Il s'en passe, des choses, à l'horizon. »

Mieux vaut un âne qu'un homme! En sortant du village, au premier étage d'une maison, les volets d'une fenêtre ont claqué. Un sourire, un visage: c'était le marié saluant le levant. Il nous a vus, et nous a fait un petit signe complice, se tournant légèrement vers l'intérieur de la chambre comme s'il ne fallait surtout pas réveiller Hélène. En route!

Septième jour

Me voilà, Joseph, le cœur en creux, à nous recopier. Ces textes ne sont ni de toi ni de moi, mais de nous, et quelque part, nous n'existons plus, comme arrachés l'un de l'autre aux premières pulsions d'une étreinte qui aurait duré près de quarante ans, un drame de plumier tragique qui n'en aurait pas fini de se tramer.

Nos enfants sont repartis, pour Bordeaux, Toulouse et Paris. Henri passe ses examens dans quelques jours. Sabine me fait le reproche de ne pas penser plus souvent à lui. Elle n'arrose ni les plantes, ni les fleurs, ni les arbres de notre parc comme si elle avait décidé de tout laisser mourir avant notre départ. Hier, elle a rangé le grenier. Elle a classé, selon son expression, toutes ces vieilleries qui ne demandent qu'à être jetées. Elle tire des plans d'avenir en tous gestes et tous regards. Elle va souvent en ville rendre visite à nos beaux-parents dans l'espoir d'exiger sa part du Bazar. Cela coûte cher de monter à Paris! Nous doutions-nous, ce jour-là de noces, à Montestruc, que nous épouserions ces deux rougissantes six ans plus tard, qu'elles attendraient tout ce temps pour nous convaincre et nous accepter, curieux élan. Mais nous convaincre de quoi ? Est-il vraiment admissible que nos enfants soient à ce point distants de nous ? Ce sont les leurs, pas les nôtres car elles les ont façonnés à l'image de leur désir. Moins Clothilde que Sabine, bien entendu, à la mesure de cette première valse, puisque je ne fus pas, hier, en recopiant ce texte du Pêcheur de lune sans être bouleversé par mes premières notations. Clothilde, ravie de danser avec toi, et Sabine, déjà, regardant au delà.

Je suis allé, ce matin, à Saint-Pardom. Clothilde, pour la première fois depuis son mariage, s'installait chez elle, dans cette maison qui fut en fait chez nous. Sabine n'est pas sans se réjouir de voir sa sœur quitter Copeyne. « Après tout nos enfants sont grands et Clothilde doit, désormais, vivre dans le souvenir de ce qu'elle n'a pas vécu. » Je te cite, mot pour mot, les propos de mon épouse, oubliant son sourire, comme un signe de tendresse, cachant maladroitement sa joie. « Et Copeyne libéré, mettons-le en vente ! »

Clothilde voulait me parler. Elle m'a conduit directement dans ce qui fut notre chambre, notre lit et ton lit de mort. Elle a tiré les rideaux, ouvert les fenêtres et fait claquer les volets. « Il faut que cette maison respire encore ! » Oui, elle a dit « respire ». Elle m'a regardé de manière désarmante, fixante, comme pour m'interroger et susciter de moi un aveu, ou encore une faiblesse. « Je voudrais que tu viennes ici le plus souvent possible, que tu classes tout ce qu'il y a dans ces armoires, ces tiroirs, partout, dans le moindre recoin, car tout cela m'est étranger et ne pourra jamais m'appartenir. » Point de dureté dans sa voix. Comme une ténacité cependant. La douce volonté de ne pas se confronter à ce que sa sœur appelle « le souvenir de ce qu'elle n'a pas vécu ». Alors, Clothilde s'est dirigée vers la porte de ton bureau qu'elle a ouverte en tournant la poignée attentivement, avec respect, et elle m'a fait signe du regard, comme il t'est souvent arrivé de le faire, le même regard, le même signe, au même lieu. Clothilde ne détruira pas ce qui vit encore.

Dans la bibliothèque, elle m'a expliqué qu'elle ne toucherait à rien de tout cela mais que, pourtant, elle s'interdisait de vivre dans une maison avec « deux pièces mortes au-dessus de la tête ». Sans doute, alors, a-t-elle souri, comme pour masquer son émotion d'un trait ironique car elle a murmuré : « Je veux qu'il y ait plein de courants d'air, de soleil et de lumière. » Et elle a caressé ton bureau du bout des doigts, laissant sur le cuir, dans la fine couche de poussière déjà accumulée, comme un dessin fou. A-t-elle voulu écrire un mot qui ne soit pas un mot, comme un de ces signes que tu traçais sur la buée des vitres ou à l'envers de buvards, t'inventant un langage, comme Adeline, obstinés que nous sommes tous de sonder à quel point notre langue vivante est parfois morte, et le latin, langue morte, terriblement vivante puisque nous l'utilisions en présence de nos épouses quand nous ne voulions pas qu'elles comprennent ce que nous disions. Clothilde seulement avait conservé quelque savoir de ses humanités chez les sœurs carmélites, et feignait-elle de ne pas saisir les propos que nous nous échangions quand, par bribes, le souvenir de quelques mots traduits autrefois gravés dans sa mémoire, lui livraient une fraction de notre secret. Elle me l'a dit en achevant le dessin, le signe, sur ton bureau et j'ai, par ce mot inconnu, plus esquissé que tracé, compris à quel point Clothilde, des deux sœurs, avait été la plus proche de nous deux. Elle a pris un pan de sa robe noire pour essuyer ce qu'elle venait là de tracer en s'excusant de porter encore un vêtement de deuil quand, toute ta vie, tu t'étais moqué de ces « déguisements en triste ». À voix douce et faible, presque caressante, Clothilde me livra alors tant et tant d'expressions et de regards qui en fait venaient de toi, étaient toi, comme s'il fallait par là qu'elle m'accueille de nouveau dans ce qui avait été une manière de chez moi.

Puis assise à ton bureau, alignant par ordre de grandeur ces crayons que tu gardais toujours si bien taillés, elle m'annonça que Sabine avait obtenu de ses parents Bérard, « pour qu'Henri termine ses études dans de bonnes conditions », non seulement une somme importante, manière de don de leur vivant, mais aussi et surtout, l'assurance qu'elle toucherait les trois quarts de l'héritage quand elle, Clothilde, n'aurait droit qu'à un quart. En d'autres termes, et Clothilde me l'expliqua en souriant, ses parents venaient de déshériter leur fille cadette au bénéfice de leur fille aînée, et le nom de mon fils Henri revenait comme une excuse.

Clothilde me tendit la main, à plat sur ton bureau pour que je la lui saisisse, pour que je la tienne fort et lui donne un peu de cette tendresse que nous lui avons ravie. Rien n'importait, sauf ça. « La vanité de ces biens et de ces démarches… » murmura-t-elle sans achever sa phrase. Le cartel de ton bureau sonna les onze heures du matin. Le soleil frappait la façade de Saint-Pardom. « Comme cette maison est grande, tu devrais, Roland, me la faire visiter, me la faire aimer, et peut-être aussi, me l'expliquer. »

Te dire, Joseph, que j'ai eu un instant l'impression de t'entendre me parler, le comprendrais-tu ? Clothilde retira sa main de mon étreinte, et reprenant place dans ton fauteuil de travail, les paumes bien à plat sur les accoudoirs, un geste qui t'était familier, elle se mit à m'expliquer, mi-amusée, mi-émue, ce qu'elle appelait « la logique de Sabine ». Toutes ses phrases commençaient par « la logique de Sabine c'est de… » Mais jamais dans sa voix et encore moins profondément dans ses aveux, il n'y eut de ressentiment. Sabine était et avait toujours été la plus belle des deux. La plus enjouée et la plus rigide aussi dans tous les jeux de la vie. Et Clothilde s'amusa presque à me narrer tous ces souvenirs d'enfance qui prouvent le rejet d'une sœur au profit de l'autre, l'élection d'une aînée au sacrifice d'une cadette, tout ce que Sabine avait déployé, dès l'âge des poupées, d'ingéniosité à récupérer les espoirs de ses parents qui, de petits commerçants à propriétaires de Bazar, rêvent de mieux encore.

Clothilde ne fut pas non plus ironique. Il y avait en elle, à le livrer tout cela, un espoir sans retour, car elle savait qu'en échange je ne lui dirais rien de ce que nous avions entrepris, et l'un et l'autre, pour nous mêler et rester mêlés quand ni elle ni Sabine n'avaient pu réellement briser notre union.

Encore faudrait-il que je précise ici ma volonté de mieux nous définir tant, par les premiers textes recopiés, nous n'apparaissons pas tels que nous nous sommes surpris chaque matin, chaque soir, chaque nuit de notre vie. Qu'il s'agisse de Sandro, mort noyé sous un ciel gris, du « Col » plantant son poignard, d'un arc-en-ciel dont nous ouvrons encore le portail ou d'un âne que l'on éventre devant nous, tout cela n'est qu'à l'orée de nous-mêmes. Dans les textes à venir, que je choisirai, je m'efforcerai de restituer ce qui fut le cœur et le corps de nos rapports, ou bien de notre œuvre, ou encore de notre combat.

En me livrant ton bureau, en me demandant de revenir le plus souvent possible, en m'invitant à tout classer, ranger, et jeter s'il le fallait, Clothilde m'offre de te faire vivre et m'avoue par là même une urgence tout autant sienne que mienne.

Puis Clothilde s'est levée brusquement, comme si elle avait peur de se mettre à pleurer, redoutant ces larmes brûlantes qui n'ont rien à voir avec les pleurs. Elle se tourna vers la bibliothèque, prit un livre, le feuilleta au hasard remettant bien en place les signets et tes notes. Elle dit à mi-voix : « Tous ces voyages que vous avez faits ensemble, je te demanderai un jour, seulement, de me les raconter. Mais il sera sans doute toujours trop tôt pour ce faire. Non que je veuille, mon Roland, tout savoir de vous, mais peut-être apprendre avant de trop vieillir à côté de qui j'ai vécu, et qui m'a donné des enfants qui eux aussi… »

Phrase en suspens. Elle se retourna, essuyant ses yeux et précisa « Tout m'a échappé! J'aurais dû le comprendre dès que l'on m'a donné, en héritage, les jouets cassés de Sabine, toutes ces poupées qu'elle lacérait de coups de ciseaux pour leur faire des robes encore plus belles! »

Je me suis levé. J'ai pris Clothilde dans mes bras, et je l'ai embrassée sur le front. Elle m'a dit « Merci ». Elle s'est détachée de moi pour tourner sur elle-même regardant tout des livres, des tableaux, des antiques que tu as accumulés dans ce repaire où si souvent nous avons travaillé à la même table, face à face, croisant nos genoux, couvrant nos pieds nus et, en souriant, comme au premier jour de notre rencontre quand tu l'as saluée à la militaire, Clothilde m'a regardé. Un regard net et droit. « Je te laisse ici. Reste. Reste… » Et elle a disparu en refermant la porte doucement, comme au premier jour d'un amour, quand il ne faut pas éveiller un amant. Tendres mariés de Montestruc! Comme tout se recoupe et me coupe de partout. Pour un peu je lécherais le sang de mes mains comme le bel Antoine. Nous sommes tous, à nous souvenir, comme des assassins, les mains ensanglantées.

Notre amour, Joseph, a ceci d'unique que nous l'avons vécu sans jamais rien rêver de mieux. Propriétaires, nous l'étions, mais de nous-mêmes seulement. Étourdis.

Je suis resté dans ton bureau jusqu'à l'heure avancée du soir. J'ai quitté Saint-Pardom par la porte du potager. Clothilde l'avait laissée ouverte, sans doute pour me signaler une complicité. Sabine m'attendait devant ses géraniums. Clothilde, assise auprès d'elle, buvait une tasse de thé. Clothilde portait une robe claire et Sabine, toute sombre, signalait encore ton deuil. Sabine me fit remarquer que nous dînions chez ses parents et que je n'avais plus qu'une heure pour me préparer. Je suis monté dans mon bureau et j'ai retrouvé ce cahier. Qu'il te porte vite le message de la journée. Et une image. Clothilde, cheveux tirés, noués en un chignon, visage lisse, presque radieuse, m'accueille à Saint-Pardom, retrouvailles, chez nous, chez elle désormais, et son sourire net et heureux me dit que son deuil est lumineux, comme une cotonnade de printemps. À demain.

Huitième jour

Je compte les jours qui me séparent de celui de ta mort. C'est mon compte à rebours. Pour rester debout.

Curieuses gens que ceux-là, nommés Bérard, nos beaux-parents que nous n'avons pu qu'appeler Monsieur et Madame, ne sacrifiant jamais aux rites affectueux des familles. Mieux encore, je m'en tiendrai, pour cette narration du dîner, aux expressions de Père et de Mère Bérard que nous employions entre nous. Ce sont désormais des vieillards. Ironiserai-je en disant que la vision de leur fille Clothilde en robe claire, une semaine seulement après ton enterrement, les a comme frappés et durement vieillis. D'un coup, ils avaient cent ans et c'est pétrifiés, comme empaillés, qu'ils nous ont priés de prendre place à leur table, m'accusant d'un « si grand retard », de « difficultés avec la cuisinière », parlant nerveusement de « ce soufflé qui n'a vraisemblablement pas attendu ». La mère Bérard, d'un air taquin, m'a dit : « Mais que faites-vous tout le temps dans votre bureau. Vous comptez ? »

Sabine a parlé tout le temps. De ton caveau de famille notamment qui, selon elle, a besoin d'une restauration de toiture. Comme si cela devait émouvoir sa sœur, ou recueillir mon attention. Puis ce fut au tour d'Henri qui n'avait pas écrit depuis son retour à Paris et qui, le pauvre, devait bien souffrir de la chaleur, à ce moment si important de sa vie.

Le soufflé avait attendu. Il fut délicieux. La Mère Bérard semblait satisfaite puisqu'elle félicita la cuisinière, agitant nerveusement une petite sonnette d'argent chaque fois que celle-là repartait pour l'office, lui faire remarquer sur un ton moins plaisant qu'elle avait oublié ci le sel, là les aromates et, surtout les médicaments de Monsieur.

Le Père Bérard, plus sourd que jamais, comme si les voitures pétaradantes l'avaient rendu infirme, ne faisait aucun effort pour entendre ce qui se disait autour de la table. Il se contentait d'essuyer son assiette avec du pain. « Ça ne se fait pas », criait la Mère Bérard, « tu le sais, et tu continues ». Indifférent, le Père Bérard regarda longuement Clothilde et murmura « J'aime ta robe, tu es plus jolie ainsi… ». Sabine se fâcha. « C'est ça, papa, donne-lui raison. » Étrange tablée d'enfants. Deux octogénaires et trois quinquagénaires se chamaillent. Je crois que j'ai adressé un clin d'œil à Clothilde. Clothilde s'est essuyée les lèvres, délicatement, puis elle a tendu la main vers le soufflé. « J'en reprends. » « Attends qu'on te serve. Joseph, expliquez-lui. » « Ah non Madame, pas Joseph, je m'appelle Roland. » Confusion. Silence.

C'est tout. Il fallait bien, n'est-ce pas, que je te relate ce lapsus? Le Père Bérard n'a rien compris. Sabine et sa mère ont rougi. Clothilde et moi nous sommes regardés, presque amusés. Nous étions heureux, brusquement. Tu étais terriblement là.

La Mère Bérard crut bon alors, en diversion, de parler de son Bazar et des employés qui réclament des vacances, arguant qu'elle n'avait jamais voyagé, elle. Que les voyages étaient réservés aux artistes. « Mais ces voyages… Roland, que vous ont-ils appris? » « À mieux revenir ici, Madame. »

Il y avait sur la table le service des grands jours, la plus belle argenterie. Toutes sortes d'objets tragiques et rutilants, ceux-là mêmes que l'on sort quand on veut donner de l'importance à ce qui n'en a pas. Au dessert, la Mère Bérard se tourna vers Clothilde et vers moi et, posant délicatement sa serviette sur la nappe, décalant légèrement sa chaise pour nous faire face, annonça qu'elle avait des choses très importantes à nous dire. Je crois que Clothilde a éclaté de rire. Je dis, je crois, car son rire fut doux, comme effaçant, invitant à ne pas en dire plus. Clothilde s'est levée de table, a embrassé sa mère sur le front, caressé la nuque de Sabine puis s'est approchée de son père, se penchant vers lui, posant les mains autour de son cou, murmura « Non, vraiment, tout cela n'a aucune importance ». Son père lui fit répéter ce qu'elle venait de dire. Clothilde le clama en riant de nouveau. Son père sourit. Elle tendit la joue. Il l'embrassa.

Il est curieux de noter qu'aucun des textes retrouvés et qui constitueront la trame de ce qu'ici j'entreprends, ne relate quoi que ce soit de ces dîners de famille, chez les Bérard. Sans doute, avons-nous omis ce qui, en termes de satyre, aurait pu exprimer notre différence ou notre indifférence. Ou bien l'inimportance de ce qui, dans leur monde, calcule et monnaye tout. Ce que j'écris, aujourd'hui, est comme un retard rattrapé, une vanité épinglée.

Sabine, régnante, glorieuse, a donc attendu ta mort pour suivre la stratégie de l'araignée. Elle a tout obtenu de sa mère. Dans notre pays, les pères sont fous ou minables, et les femmes régissent tout. Clothilde, enfant bafouée, n'a pu que nous rejoindre.

Quand nous avons raccompagné Clothilde, Sabine et moi, à Saint-Pardom, elle était gaie. Elle nous disait des choses simples comme « J'aime cette ville. Ce lieu. Tout. Ici. Rien que ça ». Elle regardait sa sœur pour être sûre d'avoir été écoutée. Et quand, devant le portail, Sabine, obligée, un peu confuse, lui a demandé si elle ne voulait pas revenir à Copeyne, Clothilde lui a répondu de manière douce : « Mais voyons Sabine, tu as déjà vendu cette maison. Si Roland n'est pas heureux de vivre à Paris, il reviendra à Saint-Pardom. Et tu reviendras aussi, au cas où Paris ne t'aurait pas séduite… » Sabine fit remarquer qu'il n'était pas prudent de laisser la grille ouverte jour et nuit. Clothilde ajouta « Ce sera désormais comme ça. Tout ouvert. Je n'ai rien à cacher ». Et elle me regarda. Comme pour me demander de te le répéter. Comme si elle savait que depuis une semaine, je passe mon temps de nuit, et mon temps de jour, le temps des matins, à te parler. Voilà. Il y a des oiseaux qui attendent des heures et des heures que leur proie soit morte pour la dévorer. Il y va ainsi de toute littérature. Nous avons détruit nos poèmes, restent les regards, les fidélités, les émotions, et la rapacité des autres qui ne peut rien contre la souffrance des enfants qui s'échangent des plumiers ou n'ont de leurs sœurs aînées que des poupées déchiquetées.

De texte en texte, ce sera notre enfer, ce lieu vrai, notre vérité. Fini l'orée. Voici nos corps. Qu'ils s'étendent et s'étirent une éternelle première fois entre les draps des pages. Le scandale n'est que dans l'encre, matière brute.

11 décembre 1907. De Joseph. L'œuf

J'ai rêvé que je mangeais un œuf et que tu étais dedans. Eussé-je dû, pour la dramatique de ce billet que je vais glisser dans quelques minutes entre les pages du livre que tu es en train de lire, assis face à moi, de l'autre côté de mon bureau, donner plus d'emphase à cet œuf rêvé et ne pas dire d'emblée ce que j'y ai découvert ? Je me voyais assis, en bout du lit sur lequel nous dormions, enlacés de manière un peu sauvage, comme dans une pose de lutte, fixée, moi sur le dos, toi sur le ventre me couvrant à moitié, ta main gauche tenant ma main droite, à plat sur le drap. Le rêve : présent.

Je suis là, voyeur du bout du lit, quand on m'apporte (je dis on parce que en fait je ne vois personne) un plateau sur lequel se trouve un œuf, bien au centre, dans un coquetier. Ni cuillère, ni couteau, ni sel, ni pain grillé, rien ne signale qu'il puisse s'agir là du préambule à un petit déjeuner. Que faire ? Assis, le plateau sur mes genoux, je regarde notre couple endormi, immobile. Je guette les bruits de la nuit. Ceux de la maison, craquements discrets, rumeurs sourdes et cloisonnées, comme si tout de nos meubles et objets se concertait et s'amusait de la scène. Et ceux du dehors, sifflements, vent tournant, vrillant autour de la maison, vent de givre qu'il est si doux d'écouter quand il y a des braises dans la cheminée.

L'œuf me fascine. Tiède encore, cuit à point, moelleux, sans doute baveux comme je les aime, et comme tu sais les préparer quand c'est ton tour de petit déjeuner. Mais comment le manger ?

Une peur m'interdit de nous réveiller pour nous demander conseil. Aussi, je me résigne. Je prends l'œuf entre le pouce et l'index de ma main gauche et le mords pour le décalotter. Ce que je fais précautionneusement. Je remets en place l'œuf dans le coquetier, et crache la calotte en prenant garde de ne pas avaler un petit bout de coquille.

Les mains sur les rebords du plateau, je me penche alors vers l'œuf, un peu comme si j'allais le gober. Je découvre qu'il n'est pas assez cuit. Les parois sont à peine figées, et dans le liquide intérieur, le jaune, flottant, se met à tourner, tourner pour s'assombrir, virer au rose de la peau des enfants : tu es là, toi, dans mon œuf. Tout petit. Comme une miniature. Comme un fœtus vivant encore qui aurait eu tes traits d'adulte. Je trouve cela très répugnant. Je me commande même de me réveiller tant je trouve ce rêve irrecevable. Mais rien n'y fait. Je ne réponds plus à mes ordres. Il faut que je te regarde.

Et nous sommes là, devant moi, sur le lit, comme pétrifiés par notre sommeil, gisants de chair, les draps arrachés. Sur mes genoux, le plateau se fait lourd, comme s'il voulait me fixer au parquet et à la chaise. Le désir grandit en moi de me courber. Mais je ne peux plus retirer mes mains des anses du plateau. Le silence de la maison devient encore plus sourd, comme un cœur battant, le cœur de toutes choses inertes quand les rêves, d'un souffle, leur donnent vie. Oui, tout se met à vibrer. Et le vent de décembre, ce vent noir et cinglant, tournoie aux quatre coins de Saint-Pardom, comme s'il voulait arracher notre demeure à ses caves, dent de géant.

Ah, le beau rêve que voilà puisqu'il est de convenance de dire d'un rêve qu'il est beau quand il est inattendu.

Toi, dans un œuf? Dans mon œuf? Celui qui a été cuit spécialement pour moi, et que, luxe suprême, on m'apporte dans notre chambre?

Tout cela pourrait virer au grotesque. Je rédige ce billet, et tu fais semblant de ne pas voir que je suis en train d'écrire car tu sais que tout cela t'est destiné. Un jeu. Mais ce message, tu ne le déchireras pas. Tu me diras, « Non, celui-là, je veux le garder un jour encore ». Je crains fort que ce jour, avec toi, dure toujours. Alors, lis et relis bien ce qui suit.

Ne pouvant pas sortir de mon rêve et m'éveiller, n'ayant aucun recours pour me tirer de cette situation, je décide d'analyser ce qui m'arrive. Oui, on peut analyser en rêvant. Et le réveil, parfois, efface d'un coup, d'un seul, l'ardoise magique de ces pensées frôlées, étreintes, saisies, nous laissant tout décontenancés avec un informulable souvenir d'essentiel, comme un désir inassouvi.

Mais là, en rêvant, en analysant ce rêve, cette pétrification devant notre lit, ce plateau et cet œuf, je répète chacun des termes de mon analyse afin d'être sûr de ne pas subir la loi du tableau noir effacé.

Je me dis d'abord que cet œuf est notre mort. L'inutilité de nos jouissances, tout ce que je sème en toi et que tu sèmes en moi au hasard de nos dominations et des rôles que nous jouons dans le combat de nos étreintes. Tout cela, rituel, séminal, est perdu. Et ce petit bonhomme, toi, Roland, mon ami, dans ce liquide n'est-il pas à cracher tout ce qu'il avait bu de moi et ne se trouve-t-il pas en curieuse gestation dans ce produit de mon corps ?

Puis, ensuite, chassant les termes peu soutenables de l'analyse ci-dessus, je me plais à penser que nous ne sommes en fait que d'un même œuf, nous gobant l'un et l'autre. Et qu'à moquer ce rêve tu me diras peut-être « moi aussi, j'ai fait le même, en même temps que toi ».

L'œuf alors me fit envie. Il fallait que je te gobe, comme tu me gobes. Curieux présent indiquant qu'il s'agissait bien là de quelque chose d'urgent. J'arrache alors violemment mes mains des anses du plateau, y laissant un peu de peau vive, qui se décolle. Mes mains se mettent à saigner. Il me faut faire vite, et je prends l'œuf, le gobe et t'avale. Je te sens descendre en moi, et instantanément grandir, grandir pour devenir aussi grand que moi, pour devenir moi !

C'est toi qui m'as réveillé. Tu souriais. Tu regardais mon ventre. Et tu m'as dit : « Tu jouis tout seul maintenant ? »

Cette jouissance, je te l'ai volée. Je te la rends. Billet violent. Cadavre exquis.

7 janvier. De moi. Joseph au piano

Tu ne préviens jamais. Toute heure est bonne si cela doit me surprendre. Ou bien suis-je là à imaginer que c'est pour moi que tu te mets au piano. Tu choisis toujours un moment où je ne suis pas au salon. Parfois même, de retour d'une visite en ville, de la grille je t'entends et je suis partagé entre la joie de penser que c'est là m'accueillir, voire me recueillir, et la plus franche irritation de savoir, et de ne pas vouloir admettre, que parfois tu veux jouer sans que je sois là pour écouter.

Je te fais querelle. Comme si ce sentiment tantôt plaisant tantôt agaçant méritait qu'on s'y arrête. Comme s'il n'était pas digne, aussi, de deux hommes, et de leur confrontation, de leur partage en toutes choses et tous sentiments.

Il y a quelques minutes, tu as quitté ce bureau et tu m'as dit « je reviens ». Je savais que tu allais jouer. Je t'ai entendu te diriger vers la salle d'eau de l'étage puis bifurquer vers l'escalier, descendre à pas de loup, traverser la cuisine pour rejoindre le salon par la porte de l'office et la salle à manger. Curieux itinéraire, tu ne trouves pas ? Peut-être m'expliqueras-tu que nous ne sommes dupes, ni l'un ni l'autre, et que cela fait partie des manières qui composent la marge spontanée de toute évidence sentimentale. Peut-être ironiseras-tu en reprenant ce lieu commun de ton humour, m'accusant d'être « romantal et sentimentique ». Allons, Joseph, je t'écoute. Tu m'as dit : « Je reviens… » pour que je ne quitte pas mon poste. Pour que je ne t'observe pas prenant place devant le piano, choisissant une partition, chaussant ces lunettes grossissantes, que tu portes depuis quelque temps comme une paire de loupes. C'est ridicule et touchant. Cela fleure la médiocrité ou bien la grandeur. Il arrive un point où l'on verse si facilement soit dans ce premier excès soit dans l'autre. C'est à ne plus savoir.

Et maintenant tu joues la partie solo de l'andante du vingt et unième concerto de Mozart. Je t'écoute. Et je comprends. Tu ne veux pas que je sois là, derrière toi, te guettant. Tu veux que je sois quelque part, au-dessus de toi, attentif, me bouleversant comme tu te bouleverses à reprendre telle ou telle mélodie, attaché que tu es à ne jamais interpréter mais à toujours déchiffrer.

Tu m'as dit que cette musique avait du tempérament et du caractère. Et je te cite « Du tempérament à l'image des saisons. Du caractère à l'image des paysages ». Il n'y a, pourtant, aucune narration dans Mozart. L'œuvre y est si proche de la Nature. Et la Nature ne narre pas. Elle se contente d'être. Ce sont les hommes qui se sont mis à raconter.

Voilà qu'en janvier cette musique ne sonne pas comme l'été dernier, ou bien l'été d'avant quand les portes-fenêtres du salon sont ouvertes, quand des bouffées de terre mouillée nous montent à la tête, parfum violent, quand le rossignol chante et s'accorde aux notes d'une sonate. Oui, tout cela est idéal, mais je l'accepte, et tu l'accueilles. Et cela, je le sais, ne durera qu'un temps. Les années passent, je le sens. Ce que tu joues, là, me blesse profondément. Ah, pouvoir modifiant de ces plaintes d'andantes qui sont en fait cris de vie! Et toute la maison s'en emplit. Si peu donc t'aurai-je vu devant ton piano, en train de jouer. Je vis cela comme un reproche, presque une jalousie. Mais la jalousie n'est pas la peur de perdre. C'est la frayeur de partager.

Parfois, quand tu joues, je me lève, dans ce bureau, et je frappe les murs, sourdement, je me cogne les poings, toujours la coque, toujours Sandro, je me heurte à toi en cherchant obstinément à m'y plonger tout entier, à m'y placer de force tant du dehors que du dedans, absolument. Il y aura donc toujours pour nous séparer l'entité de nos corps, et pour nous tenter de nous habiller l'un de l'autre, les seuls lieux des plis et des cavités.

Cette musique que tu joues au moment où je m'y attends le plus, même si tu me surprends, comme si tu allais au-devant d'un désir inavoué, ne peut que me désemparer plus encore dans ma quête de toi. Et quand, ému, tu reviens, je sens qu'il en est de même pour toi. Curieux diapason.

Plus ton déchiffrage est hésitant, plus l'appel des sons est poignant. Plus les lignes mélodiques se jettent d'elles seules dans l'espace de notre lieu, cette maison. Ce sont alors des caresses, par vagues, un peu timides, comme harcelantes de tendresse, et tout ici de l'air frissonne, vibre et attend. Tout cela creuse comme une faim de nous revoir.

D'autres fois, aussi, au temps de l'automne ou du printemps, quand je tarde à rentrer du parc, quand tu as prétexté d'aller chercher ton tabac ou des boissons fraîches et que brusquement je t'entends jouer, alors je regarde Saint-Pardom frémir et se mettre à chanter. Et toi, l'enchanteur, du bout des doigts, tu lances tout cela dans l'espace. Je me sens comme ivre d'être là. C'est un bien grand discours qui plaît à nos murs. Le ciel même, l'ormeau et les chênes verts du parc semblent concerter. Je dirai, à l'excès, que tout cela s'orchestre. Et cet excès, tu le liras, je sais, avec économie, ou quasiment modestie. Est-il devenu à ce point inadmissible d'essayer de jouir du temps, et de la vie ?

Et quand après tu me touches, glissant ta main dans le col entrouvert de ma chemise, je me mords les lèvres, serre les mâchoires pour ne pas me mettre à trembler. Tu te moques de moi, tu me dis « Tu as froid ? Tu as la chair de poule ! » Je m'écarte de toi et je répète « Laisse-moi. » Jaloux ! Au piano, tu fais l'amour avec la maison et tu me forces à vous regarder faire. C'est une grande fête pour nous tous que je souhaiterais pour moi tout seul. Je viens de t'écrire en

faible. Et je m'en moque. C'est ainsi. Je te pourfen-
drai, ce soir. Et je me dis qu'assis à ton piano, souriant,
c'est ce que tu attends.

9 septembre 1908. De Joseph. Le chat Tityre

Il pousse la porte de l'office sans frapper. Il fait irruption. Nous sommes là? C'est normal! C'est Martial, neuf ans. Nous ne l'avons pas vu depuis quatre ans mais, pour lui, nous n'avons fait que l'attendre. Je l'aurais grondé, mais il eut le sourire qu'il fallait pour me désarmer. Il pose un grand panier sur la table, retire le mouchoir qu'il a ceint autour de son front. Midi. Il nous regarde droit dans les yeux, comme si nous nous étions quittés la veille et dit: « Bonjour Joseph, bonjour Roland » comme à de vieux amis. « Je vous apporte un chat. C'est mon préféré. Les hommes du Col veulent le manger! »

Je crois, Roland, que tu as souri avant moi. Dans une certaine mesure, tu m'as entraîné, toi aussi, à ne pas me fâcher tant l'habitude de nos journées, rythmées, planifiées, codifiées, a cristallisé au plus vif de moi-même, toutes sortes de hargnes inutiles.

Je parlerai de l'entrée de Martial en termes de surgissement. Il ouvre la porte! Le voilà! C'est lui! Nous l'attendions! Et cela t'amuse, Roland? Alors, j'accepte! J'écoute! Martial dit: « J'ai soif. » Tu lui sers un verre d'eau fraîche. Martial me demande: « Vous êtes fâché? » Tu réponds à ma place: « Il est toujours comme ça! »

Martial ouvre alors son panier, sur la pointe des pieds, appuyé à la grande table de la cuisine, il fait lentement glisser le jonc qui ferme le couvercle. Et le chat sort de sa prison comme un diable. Un gros matou à la robe noire, botté de blanc, le museau d'un rose un peu vif. Un vrai chat de partout. « Et il est en bonne santé » affirme Martial en lui retroussant les babines sur un ton emprunté à son père, sans doute entendu à la Foire quand il vend une bête. Puis, silence. Martial, inquiet, nous demande plusieurs fois de suite si nous avons l'intention de garder son chat. Tu t'amuses, Roland, à répondre vaguement toutes sortes de peut-être, on va voir, si tu es sage. À la dernière remarque, Martial réagit « Alors, je le reprends ». Il a fallu que j'intervienne. « Nous le gardons, Martial, il ne sera pas mangé. »

Le chat s'étire, fait le gros dos, puis il s'assoit, se lèche une patte, puis l'autre, consciencieusement, petites pattes blanches à coussinets d'un même rose que le museau, comme s'il voulait être beau pour la visite de son lieu d'adoption. On invente des choses au sujet des bêtes, mais sont-elles totalement inventées? « C'est ton père qui t'a dit de venir? » « Non. » « Tu l'as prévenu? » « Non. » « Et tu es venu de la Sarriete à pied? » « Non. » « Alors comment? » « En me baladant! »

Le regard de Martial s'assombrit. Je lui pose trop de questions. Le chat saute sur la table. Martial range son verre dans l'évier, regarde Roland, puis me sourit. « Il veut visiter et moi aussi... »

Nous suivons le chat qui inspecte les moindres recoins de l'office. « Et comment s'appelle-t-il ? » « Chat ! » « Tu n'as rien trouvé d'autre ? » « Tous mes chats s'appellent chat, chat 1, chat 2, chat 3. » « Et celui-là, quel numéro ? » « Il n'en a pas, c'est le Chat, le plus beau. » « Pourquoi ? » « Il est distant. Il n'est gentil que si on ne le lui demande pas. » « Comme toi ? » Martial hausse les épaules.

Le chat nous guide. La salle à manger semble ne pas l'intéresser. Il passe droit au salon, frôle les fauteuils, hume les coussins, se fait les griffes sur un tapis. Je veux l'en empêcher quand Roland me retient. « Ah non, il est chez lui ! » Martial se réjouit. Le chat saute sur le tabouret du piano. Le tabouret tourne et grince un peu, le chat pris de peur bondit et disparaît dans l'entrée. Le tabouret tombe. Martial le remet en place. Du bout du doigt, il se met à pianoter. Chaque note l'amuse. Il nous regarde, étonné, ravi. « Vous ne le direz pas à mon père n'est-ce pas ? » Tu lui réponds non, et je ne réponds pas. Qui de nous ou de lui rapte l'autre ?

Le chat monte au premier étage. Nous le suivons. Martial l'appelle « Chat ! Chat ! C'est chez toi, ils te l'ont dit. » Le chat s'arrête devant la porte du grenier. « Il faudra la laisser ouverte, Chat aime les souris ! »

Martial ouvre la porte. Le matou s'engouffre, disparaît. « J'ai encore soif. On redescend ? »

Martial déjeune avec nous. Il tient couteau et fourchette à pleines mains. Tu me regardes, gêné. Je baisse les yeux. Nous avons un enfant à notre table. Nous avons un enfant. Et cela, de front, est réjouissant et inquiétant. Chaque sourire de Martial devient presque menaçant. Se moque-t-il de nous ? Que sait-il de nous ? Quel instinct le pousse vers nous ? À penser tout ce la, je sais que tu le penses en même temps que moi. Nous avons plus de trente ans, et nous vivons ici, reclus, égoïstement, pour le plaisir de nos compagnies, pour l'urgence de nos écoutes, pour lire, jouer de la musique, nous restaurer et nous aimer. Et cet enfant vient, brisant. Il n'apporte pas seulement un chat. Il s'apporte, lui. Il reviendra, je le sais. Il t'observe. Il te copie déjà. Il saisit son couteau comme tu saisis le tien. Nous déjeunons en silence. Quand Martial a terminé, il va poser son assiette dans l'évier. Puis il retire mon assiette et la tienne. Il fait comme chez lui, sans doute, mais il le fait chez nous et cela devient servile. Tu me fais signe de ne pas bouger.

« Il faut que tu reviennes chez toi, Martial. » « Ils attendront. » « Allons, nous reviendrons avec toi. »

Le chat réapparaît, caressant les murs, queue en l'air, moustache tendue, oreilles un peu en arrière. « Il est heureux », murmure Martial, « c'est sa manière de le dire. Comment allez-vous l'appeler ? ». Tu te tournes vers moi. Tu me souris « Nous l'appellerons Tityre ».

Martial nous regarde étonné. « C'est un nom de berger. Tityre… répète, Tityre ! » Martial prend le chat dans ses bras et lui dit : « Ils veulent t'appeler Tityre, ça te plaît ? »

Sur le chemin de la Sarriete, Martial remet son mouchoir sur la tête. « Ce sont les Espagnols qui m'ont appris à le nouer comme ça. » Martial porte le panier vide dans lequel il a placé ses sandales. Il marche pieds nus. Poussière brûlante. Trois heures de l'après-midi. « Tu ne vas toujours pas à l'école ? » « Veux pas ! » « Mais… » « Veux pas Joseph ! Veux pas Roland ! » Il nous regarde l'un et l'autre, vivement. « Mais je veux apprendre à écrire. » « Comment ? » « Chez vous ! Je rendrai visite à Tityre. »

Alors, je t'ai vu prendre la main de Martial. Nous arrangerions tout cela avec Robert. Tout était donc étrangement réglé. Un enfant allait se glisser entre nous. Je me souvins de cette manière que tu avais de serrer le petit Élie, contre toi, à Montestruc, le soir du Pêcheur de lune. Et je me dis que cet enfant, pour nous séparer, n'en serait pas moins l'occasion de mieux nous unir. Peut-être sommes-nous, Roland, arrivés à un âge ou tout se cristallise et se pétrifie, pierre dure.

Martial, en poussant la porte, son panier à la main, sans frapper, est donc venu nous imposer une nouvelle discipline qui sera aussi, peut-être, manière de passion. Une nouvelle part de nous-mêmes.

Robert n'a pas eu l'air étonné. « Je le croyais aux champs. Il perd souvent des jours entiers. » Nous avons bu de nouveau de la liqueur amère. Martial se tenait debout, dans un coin de la salle de ferme, bras croisés, comme un grand. Il écoutait. Son père le regarda et nous dit : « Je préfère le savoir chez vous, que n'importe où, Monsieur Joseph ! Et si Monsieur Roland arrive à lui apprendre à lire et à écrire, je serai bien fier de vous. Mais jamais de lui. » Il fit signe à son fils de s'approcher et l'embrassa sur le front, comme pour effacer un reproche.

En rentrant à Saint-Pardom, Tityre nous attendait. Toute une famille vient d'entrer dans notre vie. Et je t'observe, Roland, heureux, comme si tout cela avait été manigancé.

Un enfant surgit, un panier à la main avec un chat dedans. Nous voilà ! Les voilà ! Ah le mystère des jours à venir ! Voilà pour nous recentrer quand nous étions excentriques. Voici un corps jeune, pour un désir, il va grandir, avec la complicité de Tityre !

11 septembre 1908. De moi : éclats de rire

Je viens d'acheter la Dépêche, les deux derniers numéros de l'Illustration, et toute une réserve de cahiers, crayons, taille-crayon, buvards, et surtout un plumier pour notre écolier. Madame Bérard, à la caisse de son Bazar, au moment où je paye, me fait remarquer, amusée, que je n'ai aucun panier pour emporter mes emplettes. Elle ordonne à une de ses employées de me faire un paquet du tout. Il lui suffit alors de tourner un peu la tête pour que sa voix change, devienne un peu acide, presque cinglante, sous-entendant qu'il ne faut pas prendre pour le paquet un trop beau papier ou une ficelle neuve. Puis elle revient à moi, sourit, s'enquiert de ma santé. Pourquoi donc ? Et de mes projets d'avenir. Cela, par contre, n'est pas sans me surprendre. Elle se plaint enfin de cette vie tellement compliquée qui fait que l'on ne peut se voir, même si l'on est voisins. Il y a dans son « même si » comme une ironie mâtinée de dépit. « Nous nous sommes pourtant promis de nous revoir plus souvent. Il y a combien de temps déjà ? » J'ai alors un sourire qu'elle prend pour une courtoisie et qui en fait ne s'adresse qu'à moi-même, à nous Joseph, tant nous avons dévoré les ans, affamés de nous-mêmes, comme deux goinfres, à ne pas prendre le temps de nous essuyer les lèvres. De cette image était né mon sourire. Madame Bérard se met alors à parler de ses filles qui dit-elle « font de très bonnes études chez les carmélites, Sabine surtout qui… ». Mais je sens à l'empressement de cette femme qu'elle me dit tout sauf un fait essentiel, quotidien. Dramatique. Elle me cache quelque chose. Elle me demande à plusieurs reprises comment tu vas, l'œil noir, le regard inquiet pour d'un sourire évoquer de nouveau le souvenir d'une noce, trébucher et revenir à toi. Elle y vient et revient, et cela m'agace. Le paquet terminé, je donne un sou à l'employée, ce qui fâche Madame Bérard. Elle ordonne à cette femme de me rendre la pièce de monnaie. J'oppose un non catégorique, et je me sauve avec le paquet sous le bras, refusant d'admettre que toute conversation, hors de chez nous, doit se borner aux plus strictes platitudes.

Au café du Lion d'Or, je bois un panaché comme à l'accoutumée. Mais on me salue de loin. On feint de ne pas me voir. Qu'a donc ce matin de différent des autres ? Que va-t-on nous reprocher brusquement ? Ne sommes-nous pas devenus les deux vieux garçons de la ville, ni vus, ni connus, si peu connus ? Sait-on déjà que Martial nous rend visite chaque jour et que nous lui donnons des leçons ?

Je décide, pour rentrer, de faire un tour. De nouveau, on me salue de loin, ou bien on ne me salue pas. Au bas de la rue des Cordeliers, je croise Surrelac, qui tourne la tête comme si je venais de le surprendre en flagrant délit d'adultère. En arrivant au Boulevard de Gesles, je comprends.

Il y a un attroupement devant le perron de la maison Rigand. Je regarde la fenêtre de la chambre de ton Père, au premier étage, volets clos. Il m'est dit, en signes, regards obliques, qu'il est préférable que je ne m'approche pas du groupe. Je me contente de ralentir, comme pour prendre le temps d'une réflexion. Tu n'auras donc jamais rencontré ton père. Il ne t'aura jamais parlé. Lui aussi, nous l'avions oublié.

Et pour la première fois, je rentre à Saint-Pardom, lentement, sans désir, m'interrogeant sur la manière de t'annoncer la mort de celui qui ne te fut jamais cher. On devient, dans ces situations, si facilement condescendant. On s'invente toutes sortes de délicatesses inutiles ou de violences factices. Ou encore des lâchetés quand on opte pour le silence laissant aux autres le rôle d'annoncer maladroitement, ou aux rumeurs celui d'encercler et de poignarder qui se passerait fort bien de la mauvaise nouvelle.

Brusquement, le bonhomme ton père allait prendre une bien grande importance. Il irait rejoindre au cimetière, ville à côté de la ville, une autre demeure de pierre, sans perron cette fois et il serait, là encore, séparé de ta mère. Les allées, là-bas, n'y sont-elles pas comme des boulevards? En marchant, je me sens terriblement étranger à ces deux villes, comme fâché de

145

revenir vers toi avec seulement quatre mots à te dire : « Ton père est mort. »

C'est tout. C'est lourd. Et me voilà, hésitant, à imaginer d'autres manières d'arriver, de te livrer tel ou tel indice pour t'amener à la nouvelle, pour te la faire dire sans que j'aie à le faire. Ou bien encore, ne pas rentrer du tout. Attendre que, curieux de ne pas me voir revenir, tu ailles à mon encontre et comprennes de toi-même, de par les regards esquivés, les amis qui changent de trottoir, les commerçants qui bredouillent, qu'un drame te concernant s'est dénoué. Un drame pour eux. Mais pas pour nous. La mort d'un père, ce n'est qu'une rupture d'amarre. Je me suis presque amusé à l'idée, qu'à ton tour, tu pourrais envoyer une gerbe de roses rouges avec un bandeau « À mon père adoré ».

J'approche de Saint-Pardom. Me voilà à la grille. Pas de musique comme à l'accoutumée. Et notre maison, tous volets fermés pour préserver la fraîcheur intérieure, semble redouter mon retour. Au seuil du salon, le bourdonnement des abeilles dans la glycine et les clématites m'est comme un obstacle à franchir. Tu es là, assis au piano. Tu ne joues pas. Tu te retournes vers moi. Je m'arrête et, adossé au chambranle de la porte-fenêtre, je te regarde longuement pour te dire enfin, d'une voix trop claire qui n'est pas la mienne, mais celle anodine des gens de la ville « Ton père est mort, Joseph ».

Alors tu éclates de rire. Un rire sec, bref, nerveux. Tu dis « Bon ! » et tu poses fortement tes mains sur tes genoux pour te lever, t'approcher de moi. Tu prends le paquet. Tu le défais sur la table de la salle à manger. Je te rejoins. « C'est un très beau plumier. » C'est tout ce que tu dis.

Sur ce Martial arrive pour sa première leçon. Tu l'emmènes tout de suite dans ton bureau. Je reste seul avec Tityre dans le salon. Je guette la grille, le quelqu'un de délateur qui viendrait de la ville pour nous annoncer officiellement la nouvelle en croyant nous faire mal. Tityre et moi sommes alors comme chien et chat de garde.

Puis au clocher de la Cathédrale Saint-Pierre on sonne le glas. Lourdement. Interminablement. Pour les notables, ça dure toujours longtemps. Et je reçois ce glas comme un échange. Ce glas qui a condamné mon père condamne le tien. Voici l'échange de nos pères, ou leurs mélanges. Comme nous allons devenir vieux ! Alors seulement, je comprends ton éclat de rire. Tous ces rites dérisoires ne peuvent que nous narguer. Que pensais-tu, toi, là-haut, en tenant le poignet de Martial, en lui montrant comment il faut tenir un porte-plume, en lui apprenant à écrire des « a », puis des « b », puis des « c »…

Le glas cesse. Dans la maison bourdonnante, le temps brusquement se met à peser. Tityre assis dans un fauteuil me regarde fixement. Je me dis qu'il a compris, lui aussi. Et je souris, comme un rire !

À midi, Martial descend l'escalier comme un petit fou. Il vient vers moi et me dit : « C'est facile, je sais jusqu'au F! Et j'ai Faim, très Faim. Je n'ai jamais eu aussi Faim. »

À table Martial demande : « Le glas, c'est quand quelqu'un est mort ? » Tu réponds : « Non, Martial, c'est quand quelqu'un est vivant. » Et le petit éclate de rire, à son tour, sans savoir pourquoi.

29 septembre 1908. De Joseph. Le repas de nos corps

Tu as le corps des jours et des saisons. Tu n'as jamais le même corps. Parfois, je pense, à te guetter, que tu ne t'appartiens pas. Ta peau ne prend jamais l'ombre ou la lumière de la même manière. Corps recroquevillé, lové sur lui-même, comme au sortir du ventre d'une mère : chaque sommeil t'enfante et te délivre neuf, à mes regards. Ou bien corps plaqué au drap, tu es là, couché sur le ventre, jambes et bras en V comme si tu tombais du ciel : chaque éveil te livre à moi comme au terme d'une chute. Parfois, quand tu me tiens dans tes bras, quand je t'écrase contre moi, tout se met à tournoyer. Plus aucune pesanteur pour nous retenir. L'espace est tourbillon.

Tu as le corps des jours et des saisons. Tu n'as jamais le même corps. Ta peau a l'odeur de nos balades. Elle prend celle du vent ou bien celle de l'herbe. Elle retient les senteurs de terre meuble, et le parfum des aubépines. L'odeur de ta peau m'égratigne. Acre, je m'y plonge et j'y goûte comme un alcool fort. Il n'y a de pli en toi qui ne recèle une netteté exhalante.

Chacun de tes pores m'est une bouche et j'y respire tout ce que tu as capté de lumière et de pluies, de soleil et de nuit. Chaque senteur, chaque odeur, chaque parfum m'est une découverte. Tu es toute une nature réunie en un corps, comme un poing.

Tu as le corps des jours et des saisons. Tu n'as jamais le même corps. Et le jour, pour nous, est moment de guet. Je t'observe, habillé, allant, marchant, lisant, travaillant, ou t'occupant de telle ou telle tâche pour la maison. Je te traque. Je t'attends. Je t'imagine sous tes vêtements, fixant pour moi toutes sortes de senteurs. Ce que tu respires et fixes de jour, je le hume de nuit. Et parfois, à te voir me sourire, prendre une distance à bout de bras pour souffler un instant, au cœur d'une étreinte, je me dis que tu es heureux de ce que tu me livres là, comme un souffle de toi-même toujours renouvelé. Jamais rien de toi ne m'est familier. Je ne te reconnais pas. Je t'observe, le jour durant, puisqu'il est d'habitude de ne nous retrouver que la nuit, en m'interrogeant sur la nature de ton corps à venir, du corps de la journée. Et le temps ainsi passe de jour en jour. En cela, tu m'étourdis. Sous tes vêtements, tu fais des réserves de vie.

Tu as le corps des jours et des saisons. Tu n'as jamais le même corps. Terrefort aime Raillac. Raillac, pour lui, respire et en lui respire. Et Terrefort par lui inspire tout. Serions-nous toujours à nous réanimer l'un l'autre? Que cet excès soit notre secret. Ce texte, Roland, je ne te le donnerai qu'après, si tu me survis, tant il formule et chante! Mais quand la poésie est, qui peut la recevoir ? Il ne faut surtout pas en parler. Elle ne peut, en possible effet, que se mêler aux tourments et aux inspirations de chacun dans la plus loquetée des solitudes. Et si tu meurs avant moi, je t'aurai au moins dit, ces mots ici écrits, par tant et tant de regards quand parfois, harassés de nous étreindre, nous nous détachons l'un de l'autre pour nous observer encore. À ce moment-là, un désir encore autre se lève en moi. Ainsi je me penche, vers ta hanche, pour caresser un creux incrusté dans ta peau par une ceinture trop ser-rée, ou bien pour embrasser le dessus de tes pieds, ce lieu bombé, massif où tout des os converge pour, éven-tail, donner de l'assise à tes pieds. Rien de toi n'est ordinaire. Oui, je caresse tes pieds. Il m'arrive même de les lécher ou de sucer l'orteil. Dans ce dernier cas, saltimbanque, j'imagine te tenir debout, au-dessus de ma tête, tout entier sorti de ton doigt. Tout entier sorti de ma bouche, je te brandis, sexe immense, et nous sommes plus grands que tout. Alors tu te penches vers moi, tu me saisis la tête et me dis d'arrêter. Ça te cha-touille. Je me surprends à ne jamais finir d'explorer.

Tu as le corps des jours et des saisons. Tu n'as jamais le même corps. Et là, derrière tes genoux, qu'ai-je décou-vert ? D'autres plis encore, tout emplis de sel, comme un goût de sang. Parfois, entre mes dents, aussi, un de tes poils, et je le croque. Tout de toi est beau. Comme je voudrais dire tout cela à la mesure vraie des silences qui sont partage, des élans qui sont heurts, des étreintes qui à chaque fois nous font renaître, aiguisant nos désirs. Il n'y a de lassitude que pour ceux qui n'ad-mettent pas qu'ils sont ce qu'ils sont. Il n'y a de saleté que pour ceux qui ne savent pas s'aimer, et aimer, se regarder tels qu'ils sont et regarder l'autre tel qu'il est, toujours différent au gré du temps. Il n'y a pas que le corps. Mais tout passe par le corps, pages de l'esprit.

Oui, Roland, je cherche en toi les marques. Tu es le temps qui passe, transformant, s'imprégnant. Et si de ta nuque, parfois, je descends, mouillant ton dos jusqu'au creux de tes reins, pour me nicher plus bas, m'enfouir et là, cratère, me fixer, œuvrer et darder de la langue, c'est par toutes sortes de plaisirs enfantins, celui de la glissade ou du toboggan, ou pour assouvir le plus adulte des impératifs, celui d'entrer. Là tout est propre. Tout est net. La bête humaine est propre et nette.

Là, je me perds et j'embrasse. Curieuse bouche. Je suis mon propre voyeur, et puis aussi le tien. Toute une bande de violeurs qui harcèlent la porte de ton corps. Tu te cambres un peu, tu t'écartes et là, au plus près, comme à bout de souffle, je sens grandir en moi comme un désir de mordre, ou bien de crever. Je me relève, je cherche l'axe de ton corps et position dominante, je plonge et glisse en toi. Tout alors nous couvre et nous cache. La nuit molletonne, je me durcis. Tu te cramponnes aux draps. Je te mordille la nuque. Je me perds dans tes cheveux. Je retrouve l'odeur d'un vent du jour, d'un soleil de fin d'après-midi, un brin de paille ou un pétale séché. De nouveau, tu jaillis ton entier de moi alors que j'entre en toi. Et si je te ceins de mes mains, c'est pour saisir ton sexe comme je saisirais le mien. Tu es mon double.

Par vagues successives, je m'insère, et quand tu jouis, je jouis. C'est la même jouissance.

Et si, furieux, tu me rejettes pour me plaquer aux draps, à ton tour comme on retourne une dalle, c'est pour, dans la nuit de nos corps, retrouver l'odeur ruisselante de toute sueur, l'eau de nous deux, ces traces de lave, le parfum exaspérant de tout ce qui à fleur de peau invite comme à une tristesse, rendant plus poignante encore l'insatisfaction de notre jouissance. Alors, tu me fais comme une toilette. Tu m'essuies de tes mains et de tes joues, tu m'empoignes, me pétris. Puis tu me forces à me relever, et face à face, à genoux, les mains sur nos cuisses en nous scrutant, nous retrouvons le silence de la maison. Nous entendons Tityre chasser les souris dans le grenier et le clocher de la Cathédrale Saint-Pierre jeter une heure avancée de la nuit. Un chien aboie au lointain. Un cèdre craque, battu par le vent. Tu me dis « J'ai soif ». Et nous allons ensemble, debout, nuque cassée en arrière, boire l'eau du tub qui coule avec fracas. L'eau froide de la nuit, comme si d'un coup nous avalions le ciel et les vents, dans l'écuelle de l'horizon.

Roland ! Tu as le corps des jours et des saisons ! Je gravite autour de toi. Tu me lâches dans l'espace pour mieux me rattraper. Surtout, ne m'abandonne pas, un jour. Je n'en finirai pas de tomber. Le temps tisse et nous tisse pour nous envelopper. Nous nous usons, limons, rabotons l'un et l'autre. Il ne restera de nous que des corps vieillis. Et un jour quelque chose craquera en toi, ou en moi. Mais pour l'instant, suite d'instants, que la chute est ascendante! Elle nous grandit quand tout nous fut enseigné pour tapir et enrayer. Tu me regardes? Je suis déjà dans tes yeux. Tu me tends la main? Je roule déjà dans la vallée de tes paumes. Tu te déshabilles? Je regarde ton sexe sombre, sa poche lourde, sa toison en broussaille et je fais déjà la quête buissonnière. Je me perds dans cette forêt vierge. Je salue le totem. Mon chant est celui des bergers d'autrefois, quand les hommes de loi n'avaient pas encore trop travaillé. Quand ils n'avaient pas encore inventé la propriété de toute nature. Quand nous étions encore Nature. Et tu as donné pour nom, à ce chat, celui de Tityre. Même ce choix est complice. Ici, à l'orée de la ville, au lieu de notre sang et de notre naissance, nous vivons ce que notre siècle ne vivra définitivement plus. Peut-être sommes-nous les derniers d'une tribu sauvage? Où sont les autres que nous ne rencontrerons jamais? Ah, s'ils pouvaient savoir que nous existons, nous aussi. Le grand repas de nos corps est salut. Il nous restaure.

Chaque jour est un signe pour l'inachèvement de nos jouissances. Je croque ton corps mais je ne le croquerai jamais assez. Je le respire, je le sonde tout comme tu me respires et me sondes. Nous nous dévorerons et par la magie d'une dignité nous saurons vieillir ensemble, qui sait? Ou bien l'étourdissement n'aura-t-il qu'un temps? Voilà que les humains ont délégué un chat et un enfant pour nous observer au plus près. Ou bien les avons-nous appelés? Ils sont là. Jamais nos gestes ne furent plus forts et précis, plus volontaires et fouillants qu'en leur présence. Il n'y aura pas de degré absolu dans notre affrontement. Désormais je dévore tout de toi. Le corps n'est pas affaire de codes et de modes. Le corps est mœurs en soi. Plus nous avançons dans notre découverte, plus la découverte reste à faire. Le seul mystère est là et le seul Dieu, tissus du temps, fibres des regards, gestations des élans, urgence des désirs, assouvissement de toute violence. Squelettes, nous en serons encore à nous tendre l'un vers l'autre, et poussière de la poussière, terre de la terre, nous trouverons bien le moyen de nous réunir encore, ce sera notre manière de vraiment nous perpétuer.

Et si sortant de toi, il y a sur ma verge des taches de fange, ce n'est plus un dégoût qui me hante, brusquement. Cette traînée de toi, je l'accepte. Le repas de nos corps, aussi, est là. Je m'essuie comme d'autres, en dîner du grand monde, s'essuient les lèvres. C'est le même geste. La même tache. Des mêmes bouches. Il y a bien de la boue dans certains méandres de la Verse ou de la Gesles, des eaux troubles dans certains puits, des oiseaux morts qui pourrissent au soleil, des gens qui se mouchent et adorent regarder leur morve. Pourquoi accepter de ces derniers un geste vulgaire et ne pas accueillir celui-là, rituel, de nos jouissances ? Je veux ici, par les mots, apprendre à descendre plus profondément en toi. Qu'ils me guident, tout comme je tiens la main du petit Martial, pour lui apprendre à écrire. Tout comme toi, du bout de doigt, tu signales un mot pour lui apprendre à lire ?

Et plus je lis tes messages, plus j'ai l'impression de les avoir écrits. Et plus j'écris, plus j'ai l'impression que

c'est toi, tout habillé de moi, qui dresse des constats.
Sommes-nous à ce point arrivés à nous étreindre
jusque dans nos distances et nos pensées, à nous libérer ainsi l'un et l'autre, tant nous nous complétons?
Chaque ligne, comme une descente de ton dos.
Chaque point final pour se nicher et fouiller là où il
faut. Taper, glisser. Le chaud de toi. Je suis saoul, ivre
de toi, et violent, poings serrés, toujours à t'attendre.
Toute une vie de guet! Toute une vie aiguisée! Et
chaque soir, à portée des regards et des sarcasmes de la
ville, nous cognons à la porte de nos corps, nous faisons, à deux, l'amour au monde entier.

Tu as le corps des jours et des saisons. Ton sexe emplit
ma bouche. Et je te bois. Oh, Roland, tu ne seras
jamais le même.

13 novembre 1908. De Joseph. Cavernes

Chaque fois que je pose mes lèvres sur tes lèvres, tu t'entrouvres et je retrouve le goût de toi, alors, tout en moi se désaltère. Nous ne sommes que d'eau, sais-tu, si peu du reste, et nos tissus sont salives, glaires, ou bien coulées, giclées, rivières sans suite qui, entre nous, se creusant enfin un lit. Jamais nos poèmes ne disent cela qui nous réunit. Quand le texte devient officiel, il désunit. Mais parfois, dans ces poèmes de toi que tu me soumettais, et que nous avons jetés, amusés, déçus, sans admettre qu'en fait nous étions notre propre poésie, j'ai saisi des instants, comme des échanges, des aveux, comme des armes blanches. Se sont inscrites dans ma mémoire ces deux lignes écrites dans le train qui te ramenait à Cazauban et qui devait te livrer à moi ce jour, grand, de nos retrouvailles. « Le plus beau des suicides est que je vive encore. » C'était ainsi, césure :

« Le plus beau des suicides
Est que je vive encore. »

Ne sommes-nous pas, Roland, à nous détruire pour un plaisir ? Je te pose là une question futile si l'on pense à la gravité de toute étreinte, à la plongée de nos corps, à cette mort combattante qui est nôtre puisqu'à l'image de nos rivières, tout de nous est sans suite ! Oui, nous sommes pure perte, acte de création véritable. Tout ce qui entre nous se bannit et s'efface est preuve de la vanité de tout écrit prétendant au fini.

J'ai soif de repartir avec toi. Nous ferions de grands voyages inutiles, ceux-là mêmes qui nous rapprocheraient encore plus l'un de l'autre tant, de toi à moi il ne peut y avoir de distance plus grande. Tout ce chemin parcouru l'un vers l'autre, chaque jour nous cacher l'un et l'autre dans la caverne de nos bouches.

De toi encore, poèmes d'adolescent « Au soleil couchant, j'ai cru voir dans cette fontaine, comme une flaque de notre sang ». C'était ainsi, césures :

« Au soleil couchant
J'ai cru voir en cette fontaine
Comme une flaque de notre sang. »

Je sais, cela chante un peu trop. Mélodique, la poésie devient vite suspecte. Il y a pourtant grandeur à ce que nous ne soyons pas des génies. Cette fontaine est de trop. Trop jolie. Mais elle est aussi nos bouches réunies, au temps de nos premiers baisers, quand nous ne savions pas encore que tout de ce point surgirait, tant de sources profondes pour satisfaire nos pépies de vie ?

Et ce drame que tu as écrit, à quinze ans, confrontant Narcisse à un Juge. Narcisse disait : « Je veux apprendre, mais je ne veux pas savoir. Savoir, c'est déjà donner. »

Ou encore « Tes doigts ont des fureurs de légion. Je n'ose pas bouger. L'ennemi se terre ». C'était ainsi, césures :

« Tes doigts ont des fureurs de légion.
Je n'ose pas bouger
L'ennemi se terre. »

J'agis ici en traître, retenant quelques bribes de ce qui est tout, sauf notre œuvre. Les vraies taches sont là. Ces lignes aussi je te les cacherai. Que ces quelques mots, un jour, peut-être, te disent toute mon attention, et mon désespoir, ce vif espoir, le seul vrai peut-être celui d'avoir été modifiants l'un pour l'autre, mais de n'avoir rien véritablement modifié. Pourquoi nous serions-nous pliés aux impératifs des nouveautés, à ceux de mouvements ? Que faut-il réformer de si urgent ? Il y a de beaux chahuts, à Paris, apprend-on dans les journaux. Il faut choquer ? Le choc de nos corps nous suffit !

Et quand de jour, la lumière nous sépare, nous nous scrutons. Il nous faut traverser le temps de la journée, terre immense, désert, pour le soir nous retrouver et nous terrer dans toutes les cavernes de nos corps.

J'aime tes dents, éclatantes, la pointe de tes canines, les plis intérieurs de tes lèvres. Je pourrais faire ici toutes sortes d'inventaires de nos baisers tant, de jour en jour, les ans passant, nous n'avons de cesse de les prolonger, prologue, entrée de tout.

Les draps du lit essuient nos jouissances perdues quand parfois, étourdis, nous ne maîtrisons plus ce qui nous fait frémir et crier de joie, comme un sanglot. Combien de temps resterons-nous ainsi, intacts, à nous surprendre? Obstinés, nous le serons jusqu'à ce que nos peaux se crèvent comme un sac, nos os se brisent comme des bâtons. Chaque coup que tu me donnes, je te le rends. Et quand parfois, je te frappe, tu ris. Un rire qui se fait écho emplit cette maison et fait fuir Tityre.

Tu es allé en ville, je t'attends. Cette maison aussi est une bouche. Elle a des mâchoires et des dents, et quand tu rentres, elle se ferme. Nous sommes là à frôler les murs, ces langues qui nous dardent et nous lèchent. Tout cela ne finira jamais. Tout cela est infini.

Et quand je prends ton sexe, c'est comme un arbre qui grandit, comme un pieu qui me retient. Tout cela me pourfend, ou m'étouffe. Il n'y a de grands voyages qu'autour de cet arbre-là. Les autres voyages, ceux que nous ferons peut-être, en souvenir de Sandro, en souvenir de l'à venir, nous ramèneront autour de cet arbre ou du mien. Tu me saisis, plonges, et te plantes, toi aussi, là, en moi. Nous sommes à nous deux, deux couples réunis! Tout est possible. Et le prix de cela est la mort, chaque jour, au petit jeu de nos cris. Il y a dans ta bouche toute une spéléologie. J'explore. Je dresse la carte macabre, terrains et vallons, voûtes et interstices, plis pulpeux, traînées d'alcool. Tout cela se mêle.

Quand as-tu écrit, c'était ainsi, césures :

« La lumière de la moindre fissure
Le mal de la moindre faiblesse
C'est la même rupture. »

Me voilà de nouveau délateur, à te citer, fixant ainsi les mauvais mots, ceux-là maladroits qui ne nous expriment pas vraiment. Je t'attends. Pour l'acte véritable d'écriture : être ensemble. Chaque jour, les violences se font plus grandes. Depuis que Martial est là, nos étreintes deviennent pugilats. Bientôt tout, dans cette maison, sera brisé. Nous avons même oublié l'ordonnance des meubles et des objets. Cet enfant crée un désordre. Il nous pousse l'un vers l'autre tout comme Sandro nous a confrontés.

Je t'ai mordu hier. Le goût de ton sang était fort. Soulevant. Je me dis que peut-être, et enfin, pour de vrai, nous commençons à nous tuer.

Dans la caverne de nos bouches, nous nous sommes retrouvés, confrontés, admis, prêts à tout, assassins. Je vais descendre et jouer du piano, pour toi. Reviens ! Ce sera frappant.

Treizième jour

Le grand rebours du temps. Clothilde est heureuse. Je suis revenu travailler chez nous. Je l'entends, veillant à ne pas faire de bruit, au rez-de-chaussée de Saint-Pardom. Je la devine, passant d'une pièce à l'autre, mesurant son pas pour que le parquet ne craque pas, comme si tout, du silence, devait signaler ta présence.

Elle prend seulement ses repas dans l'autre maison et jamais la porte du potager n'a été aussi gaie à franchir que lorsque nous revenons ensemble, laissant Sabine à ses calculs et aux visites des éventuels acheteurs de Copeyne. Comme si Henri était déjà reçu à son examen ! Sabine se voit déjà mère de polytechnicien. Elle régente, et ce n'est pas sans nous amuser. Elle nous accuse d'un manque de gravité si peu de temps après ta mort. Il n'y a de jour sans qu'elle ne fasse de manière cinglante, à sa sœur, le reproche de ses robes claires.

Parfois aussi, j'entends Clothilde dans le parc. Elle ratisse le gravier. Elle retourne la terre, en cratères, autour des jeunes arbres. Elle arrache les mauvaises herbes, garnit les vasques de la terrasse. Sabine lui a proposé de récupérer les géraniums de Copeyne. Clothilde a refusé en me regardant, reniflant, avec une petite grimace. À quarante-sept ans, Clothilde est redevenue jeune fille. Ou bien tout simplement devenue, tant son éducation lui a interdit de l'être vraiment en temps passé.

Et pour que le portrait soit parfait, il convient que je te dise à quel point, moi aussi, je joue ce jeu, apparemment heureux, partageant avec elle toutes sortes de secrets, de regards et de petits signes. À occuper cette maison, à lui donner un air de gaieté, à la préparer sans cesse a ce qui pourrait être une visite, nous sommes continuellement à t'attendre, te guetter. Tu es là.

Clothilde s'est même mise en tête d'apprendre à jouer du piano. Parfois, elle fait des gammes, avec application. Au début, cela m'irritait un peu. Je me gardais de le lui faire sentir. Puis, à l'écouter, de jour en jour, je me sens heureux, comme comblé. Tout, de nouveau, est à apprendre. À déchiffrer! Le soir, elle s'installe, près de la grille, sous le tilleul, dans ce fauteuil de rotin, que tu occupais de préférence quand tu souhaitais t'isoler quelques heures, et elle lit, relit un manuel de solfège qu'elle a acheté au Bazar. Sa mère paraît-il lui a dit: « Tu ne vas tout de même pas te mettre au piano à ton âge! » Je n'aime pas l'expression se mettre au piano. Clothilde non plus. La Mère Bérard crèvera à sa caisse, cassée en deux, au moment de rendre la monnaie à quelqu'un. L'image est de Clothilde qui me l'a livrée en riant.

De ce bureau j'observe Clothilde, sous le tilleul, battant la mesure. *Si, mi, la, ré, sol, do, fa… fa, do, sol, ré, la, mi, si!* Elle sait déjà tout, en quelques jours, des dièses et des bémols, de la clé de Fa et de la clé de Sol. Et quand nous nous rejoignons, quand l'heure approche du dîner, elle me récite sa leçon du jour. Tout devient complicité. Pour un peu, moi aussi, je me mettrais à jouer. Clothilde affirme: « J'y arriverai seule. Seule, c'est possible parce que mon Joseph est là. » Mais, à chaque fois que l'expression de « mon Joseph » revient spontanément dans sa bouche, elle me prend par le bras, se presse un peu contre moi, baisse les yeux et murmure en souriant: « Pardon, notre Joseph. »

Sabine est consciente de cette complicité. Nous la sentons tout agacée. Prête, par exemple, à renverser un verre par inadvertance quand, à table, elle surprend un de nos regards échangés, presque dure dans ses réprimandes quand une remarque futile nous fait sourire, ou rire. Elle se contente de répéter « Si Joseph était là ». Mais tu es là, n'est-ce pas?

Tu te penches sur Clothilde quand elle se met au piano. Tu lui montres comment il faut se tenir sur le tabouret. Tu lui enseignes ce toucher parti du bras, que le corps entier accompagne et dont tu avais la technique. Je t'entends dire encore « Tout le corps joue. »

Sans doute en est-il aussi, ainsi, de la vie. Et sans doute en fut-il aussi, ainsi, de notre vie, de ces jours, de la vérité de ce cahier. Je ne me contente pas de recopier ou d'écrire, mais je me penche tout entier sur ces mots, sur ces lignes. Je me couche sur le papier. Il est le nouveau drap de nos jouissances.

Et le drap du dessus, nous l'arrachions toujours, avec les couvertures. Nous serons, ici, à nu, comme autrefois, ou bien demain, puisque par la magie des mots je nous lance tout à l'avant du temps, de tout ce temps inconnu, après nous, sur lequel nous voguerons, bateau de papier, coque à l'envers, à cogner.

Si je me plais, à ce jour, à noter ce qu'il peut y avoir de touchant, voire d'exquis, dans mes trouvailles avec Clothilde, c'est bien pour donner aux précédents textes recopiés tout leur relief. Nous sommes loin, dans ces tendresses, des violences qui ont marqué l'arrivée de Martial dans notre vie. Sans le vouloir, nous avions fabriqué un enfant. Il était de nous, cet enfant fou qui saisissait si vite tout ce que nous lui enseignions comme si d'urgence il devait nous rejoindre au plus poignant de notre intimité. Il s'est très vite fait une petite place notre Martial! Trop vite peut-être. Mais qui s'est glissé entre nous, sinon lui? Qui a fait les gestes qu'il fallait faire? Qui nous a regardés pour nous conquérir? Qui nous a souri pour nous convaincre? Qui est entré sans frapper? Et ne savions-nous pas avant même que tout se trame, que tout cela ne durerait qu'un temps, quand notre amour avait déjà duré un si long temps, quand, à nous regarder, nous nous sentions déjà vieillis? Martial venait entre nous comme l'image de nous-mêmes, enfants, perfectibles, avides, curieux de tout. Il était à lui seul nous deux, plongeant enlacés, dans la Verse. Nous voulions mourir ensemble, tu te souviens ? Mais nous sommes morts ensemble! Nous nous sommes usés, rognés, dévorés, cognés, boxés, cambrés, poignardés ensemble! Et ce n'était jamais le coup fatal. La jouissance nous ravissait la mort. Jusqu'au jour où Martial, peu après le déjeuner nous a dit tout de go « Il fait chaud, si nous dormions là-haut ».

Il avait onze ans. Juin 1909. De cette année-là, je ne trouve aucun texte, comme si nous avions eu peur, l'un et l'autre, de laisser quelque trace que ce soit de ce fait. Je le note ici, aujourd'hui. Nous n'avons plus rien à perdre puisque nous avons su nous perdre en toutes choses. Le temps défié n'aura plus jamais de prise sur nous.

Quand nous sommes arrivés dans la chambre, Martial s'est dénudé. « Tout nu! Comme à la ferme, le premier jour où vous êtes venus! » Il s'est allonge sur le lit défait, battant les oreillers, caressant le drap, tendant les bras à la verticale et tapant dans ses mains comme s'il applaudissait. « Venez, on va dormir ensemble. » Tu t'es tenu face à la fenêtre, nous tournant le dos, longuement, regardant le parc à travers les volets. Je me suis déshabillé lentement, pliant précautionneusement mes vêtements, une habitude perdue depuis longtemps. Puis je me suis approché de toi. Martial nous regardait étonné. Ne l'avions-nous pas suivi, tout de suite, spontanément? J'ai alors déboutonné ta chemise. Tu as murmuré que nous étions fous. J'ai souri. Et je suis allé m'allonger sur le lit. Martial d'un coup s'est couché sur le ventre, fermant les yeux, jouant à l'enfant endormi. Tu nous as rejoints. Martial était entre nous. Il bougea un peu, te frôla puis me toucha le bras de sa main. Allongés sur le dos, toi et moi, gisants, nous fixions le plafond. De temps en temps, je te regardais, mais tu ne bronchais pas. Le petit fermait très fort les yeux. Il se forçait. Un frelon est entré dans la chambre. Nous avons suivi son vol longtemps, longtemps. Il ne s'est rien passé. Une sieste comme une autre.

À midi, Clothilde m'a dit : « C'était bien Martial, à l'enterrement, n'est-ce pas ? Pourquoi n'est-il pas venu me saluer ? » C'est tout.

Clothilde vient de se mettre au piano. La maison respire. Tu respires.

Quatorzième jour

Le rituel de la sieste, comme une récompense. Martial toujours nous devance. « C'est un secret », dit-il à chaque fois, comme si lui seul avait un sentiment de danger. Il ne s'agissait pas, pour lui, de tabou, mais de sacrilège. Joseph, à l'attendre, disait : « Petit Polyeucte est en retard aujourd'hui. »

Depuis que j'ai abandonné ce cahier, hier (il y a hier dans cahier !) pour le reprendre aujourd'hui, m'imposant un jour encore de ne rien recopier, forcé de combler le creux de trois années, je n'ai cessé de penser au corps glissant, s'insinuant, serpentant de l'enfant, corps vierge et lisse, corps naissant de Martial, que le temps et nos gestes ont sculpté presque à vue d'œil, extraordinaire croissance de cet enfant ! Il s'est étiré, durci, comme pétri de nous. Nous l'avons vu et senti grandir comme si, à se frotter, il puisait en nous toutes sortes de forces vives. Tout cela que nous lui donnions, il le prenait en terme de vol. Ce ne fut jamais un jeu mais prises de guerre. Nous jouions à la guerre !

La sieste devint, pour huit saisons, rite, ponctuation, vacance de chaque jour. Souvent, Tityre s'asseyait à la porte de notre chambre et nous regardait, debout, bien planté, le regard fixe. Ou bien se couchait-il comme un sphinx, observant notre lit, autel, ne fermant jamais les yeux, attentif à tout ce qui, de jour en jour, se précisait ou bien se brusquait dans nos gestes. Combien de temps se passa-t-il avant que Martial eût vraiment conscience précise de nos corps ? Nous étions trois à nous frôler, et nous étreindre, à nous embrasser les mains et le buste, à nous saisir par les cheveux ou par la nuque. Tout un temps de détails et de pudeurs. Je me souviens de Martial murmurant : « Je sens le foin ? » Ou bien « J'ai des toiles d'araignée dans les cheveux. J'ai dormi à la grange. Là-bas, je ne suis plus chez moi, et déjà chez vous. Vous verrez, je viendrai une nuit, une nuit entière ! Ce serait drôle. »

Je reconstitue. L'essence des mots est durement fixable. Les fixateurs de parfums sont rares, et comme de l'or, un matériau bien précieux. Il n'y avait certainement pas dans le propos de Martial cette fluidité adulte, formée, presque conformiste que je lui prête ci-dessus. Mais ma mémoire est clivée. Je pense à Martial en ce temps-là. Je le revois souriant, se faisant une petite place entre nous, parlant d'une odeur de foin ou d'une odeur de paille, d'une mi-distance de cette grange où il préférait dormir. Et il trouvait tout drôle. C'était là sa manière d'affirmer, sans pouvoir la définir, et sans hypocrisie, la nature même de son désir.

En ce temps de nos trente ans où Joseph et moi étions arrivés à ce degré de mutualité qui nous avait fait découvrir toutes sortes de violences et d'excès dans l'usage de nos corps, Martial intervint, hydre, entre nous. Il fut comme un signe de lumière, quand nous n'avions de cesse de broyer de la mort, de manger de la nuit. Il nous imposait toutes sortes de siestes, siestes d'été, étouffantes, et siestes d'hiver, frissonnantes. Nous devenions son cocon, sa coquille. Et quand le soir, seul à seul, Joseph et moi nous nous retrouvions, l'enfant était encore entre nous. Nous nous mîmes à nous respecter comme si, à trop nous étreindre, nous risquions d'étouffer celui qui avait choisi de se tapir en nous, désir brut. Car, jusqu'au dernier jour, il fut clair et probe que Martial avait, derechef, choisi en nous son nid.

Les seuls messages que nous recevions de ses parents étaient ces paniers que Martial apportait de la Sarriete, regorgeant de confitures, de cèpes, de palombes toutes bardées, prêtes à cuire, de vieil armagnac, d'œufs du jour ou de beurre frais. Et quand parfois, nous raccompagnions Martial, pour le plaisir de la balade, ou bien pour le calmer quand il ne voulait pas rentrer chez lui, ses parents nous accueillaient non plus comme des bienfaiteurs ou des propriétaires, mais avec le silence et la gravité des choses humaines quand elles se refusent au complice. Nous avons appris à Martial à écrire, à lire, nous l'avons instruit, mais cela n'était rien pour ses parents en regard de ce que Martial devenait avec nous : un être humain, saisi de lui-même déjà! À la ferme, désormais Martial n'était plus l'enfant fou. Il se levait chaque matin à l'heure première du soleil et travaillait avec son père, l'aidait si bien que Robert nous avait dit : « C'est à croire qu'il faut savoir lire pour mieux creuser des sillons. » L'instinct qui poussait les parents de Martial à nous livrer leur fils, à ne s'inquiéter jamais du jusqu'où de nos rapports avait ceci de net que rien de moral ne l'entachait. Aucune suspicion chez ces gens-là. La terre était leur Dieu, et nous avons dirigé le regard de leur fils vers elle, et vers eux.

Aujourd'hui, à noter cela, je me dis qu'on n'oublie jamais rien. On oblitère, c'est tout. Un sceau sur toutes choses de la vie. Une marque, une date peut-être, mais rien en fait pour retirer au temps sa durée. Il n'y a d'essentiel, de fixant dans les souvenirs, que la part d'initiation, tout cela qui inspire, marque, pour pétrir. Et ce qui suit n'est recevable que par l'être vivant vraiment : il n'y a d'accomplissement que dans l'inachèvement. Ainsi, la mort, à chaque pas, chaque instant, devient vie. Nous nous sommes inachevés, Joseph, jusqu'à l'ambiguïté.

Et quand nous ressortions de la chambre, quand il était temps pour Martial de rentrer chez lui, alors seulement Tityre nous rejoignait et, comme fou, bondissait sur nos épaules, nous griffait de plaisir, ou bien frottait sa petite gueule de chat contre nos oreilles, dans nos cheveux. Combien de fois Martial nous a fait remarquer en riant que, de nous quatre, il était le seul à ne pas avoir de moustache. « Vous êtes tous des chats ! »

Puis au cœur du premier hiver, comme si le vent glacé nous avait brusqués, poussés l'un vers les deux autres, l'enfant nous embrassa pour la première fois. Nous ne nous étions jamais embrassés devant lui jusque-là, toi et moi. Nous nous tenions, contenions, à côté de lui, c'est tout. Or, il nous embrassa. Et au désordre de ces baisers, se mêla bientôt celui des gestes, retenus pendant des mois. L'enfant apprit vite, de lui-même, à nous saisir, à nous brandir. « C'est drôle. » Et quand un jour, étourdi par tout cela, Martial me vit jouir, il s'étonna, et gravement me caressa le ventre, petite main glissante en cercles concentriques. Tout désormais était montré. Autre leçon de vie. Un acte nouveau commençait. Il ne lui restait plus qu'à grandir, grandir encore, et un jour jouir comme nous. L'enfant guetta alors le moindre poil au-dessus de ses lèvres, sous ses bras, au bas de son ventre, à la naissance de ses cuisses. Ce jour-là où il découvrit ce qu'était une jouissance, il se tourna vers toi, Joseph « Et toi? »

Dans le secret de ce bureau, dans le silence de cette maison, aujourd'hui quatorzième jour après ta mort, Joseph, je me dis que nous sommes, à nous deux, comme toute une mort d'un temps, et qu'après nous, la vie sera plus morte encore. Pour nous, les hommes de rectitude ont inventé le mot scabreux. Un mot qui fait un bruit de pendu, un bruit de squelette, un mot répressif. Un mot pour faire peur. Mais jamais nous n'avons eu peur de Martial. Il n'y eut jamais entre lui et nous d'intentions. Il y eut initiation. Le grand O de sa bouche attendait une réponse. Nous la lui avons donnée. Et notre plaisir ne fut que son désir, petit galopin de nos corps.

Un enfant a grandi entre nous. Au sens propre. Et ce sens est bien qualifié.

Dans la chambre proche de ce bureau, j'entends Clothilde changer les draps du lit. Pourquoi?

Elle vient d'entrer et de me dire: « Tu dors ici, ce soir, n'est-ce pas? Tu le veux? » Elle a souri et elle a précisé « Comme avant? » pour refermer la porte lentement. Tu vois, Joseph, tout s'inachève. Rien ne s'oublie. Tout s'oblitère et continue.

Quinzième jour

J'ai rêvé. Joseph! J'ai vu des morts creuser leurs tombes encore plus profond. C'est ainsi que tout, du rêve, a commencé. J'entendais le bruit des pelles et des pioches, le raclement des pierres comme si tous ceux-là d'un immense cimetière qui aurait englobé la Terre, irrités par le pas toujours plus pressant des vivants de ce siècle, avaient décidé de s'enfouir encore plus profondément. C'était une nuit sans vent, et sans ciel, nuit lisse et sombre. Et toi, menant tout le monde des ombres, rythmant de ta voix grave chaque coup donné pour creuser. J'étais là, voyeur, champion de ceux que l'on croit vivants. Tu faisais semblant de ne pas me voir. Je me suis réveillé tremblant, en sueur, couché sur le dos, nuque cambrée, mains à plat sur le drap de notre lit, drap rugueux et propre, champ de neige, banquise à laquelle j'essayais de me cramponner. Mais il n'y avait pas de prise, et je glissais, vertiges. Réveillé, je t'entendais encore, frappant de ta voix, sondant plus profondément encore, comme si tu voulais échapper à tout cela. Est-ce vrai? Avec qui étais-tu la nuit dernière? Avec eux, tous?

Me voilà jaloux, meurtri, coupé de toi, à me casser de nouveau sur ce cahier, assis, penché, comme si on m'avait poignardé le ventre. Si je m'arrête d'écrire, la blessure risque d'être mortelle. Chaque majuscule en début de phrase, chaque virgule, chaque verbe, chaque point m'est salutaire. Comprends-le, Joseph, j'ai besoin de nous dire. Notre seule qualité, notre unique raison d'être, réside en ce que nous avons eu, et pu, assumer un désir, quand tout de notre temps et de notre siècle tend à quantifier et codifier cela, à le qualifier aussi en termes de succès à prévoir. Ce que nous avons vécu, vit encore, et vivra en marge de toute morale et de toute loi, là où les êtres humains acceptent d'être ce qu'ils sont et ne s'en contentent jamais.

Ah, notre appétit, notre soif, et notre violence en toutes choses de ce monde, quand le monde entier s'arrêtait au portail de Saint-Pardom, quand nous n'avons eu de cesse de retrouver dans l'antiquité ce qui de l'homme et de son message allait être rongé par l'habileté d'un crucifié. Ah! ils l'ont exploité, celui-là!

Qu'il était doux ce rêve, ce champ de morts où l'on s'affairait pour fuir plus encore le monde pullulant et ironique des vivants. Une vie: tout ce monde qui ne demande qu'à parler et qui ne veut que récupérer.

Le propos, ici, tu le sais, n'est ni d'excuser, ni de célébrer la part de pittoresque de toute vie de couple quand elle frôle une réalité, ni non plus de faire du faux, avec du vrai. Quelque part, nous sommes nés irrécupérables, immédiatement liés l'un à l'autre parce que nous n'offrions de prises qu'à nous-mêmes. Peut-être aussi, parce que nantis, nous avons pu le faire. Mais l'argent ne fut jamais pour nous une finalité. Nous n'eûmes pour quoi que ce soit, ou qui que ce soit, jusques à nous, le moindre sentiment proprié-taire.

Et dans le charnier de mon rêve, une peur m'a saisi : celle de te trahir, de nous trahir, quand en fait, par l'urgence de ce cahier, il me faut, bouche à bouche, mot à mot, me réanimer, supporter tout du temps sans toi. Vivre aussi le temps passé, comme un temps présent. Et y saisir parfois, ceux-là de sentiments, marge du souvenir, qui demeurent à venir. Comme tout cela est allant : je vais avec toi. Une dernière balade. Un tour d'horizon ! Mais il n'y aura plus de noces à Montestruc, plus de marié pour nous saluer au jour levant.

Quand Clothilde a frappé à la porte de la chambre, s'inquiétant de ne pas me voir lever, m'annonçant qu'il était déjà midi et que nous devions déjeuner avec Sabine, à Copeyne, les coups frappés par elle sur le bois furent si forts que je crus qu'on m'arrachait le cœur. Je n'avais pas dormi dans ce lit depuis un si long temps. Sur le territoire vierge du drap, allongé de ton côté, à la place que tu occupais toujours, je me suis senti pour la première fois vraiment abandonné, coupable d'être là, encore. Et sautant du lit, titubant un peu, la tête lourde, je suis passé dans ce bureau : il fallait que je tienne ce cahier pour me calmer, respirer de nouveau sans que mon cœur trébuche.

Puis, très vite, je me suis glissé sous le tub et l'eau de glace. J'étais seul, là aussi. Le rideau m'a frôlé. J'ai frémi. Comme une caresse quand tu me rejoignais. Est-il recevable de le noter ? Mais qui m'observe ici, à t'écrire, quand tout cela en fait n'est qu'une affaire entre toi et moi ? Y aurait-il des juges dans cette maison à m'observer, à tout critiquer au fur et à mesure, oubliant l'immesure de tout abandon quand il est sentiment ?

Me voilà à inventer le mot immesure, pour toi, comme si à ce point de cette tentative de délivrance, il me fallait créer un langage nouveau, à l'image de celui de nos regards, de nos gestes et de nos silences, quand nous nous guettions, et quand Martial se polissait à nous. Il me faut aujourd'hui dire Martial, dire la fin, ou plutôt la fin de cet acte de notre vie. Ce fait même qui allait tout bouleverser en nous et autour de nous.

Peu après le repas, Sabine nous a annoncé la venue d'un acheteur sérieux. Sérieux, pour elle, veut dire riche. Nous avions déjeuné à l'office car il ne fallait rien salir de la maison pour qu'elle soit belle, tentante, flatteuse. Clothilde n'eut même pas la force de paraître amusée tant attachée à mes regards et mon silence, elle semblait partager le désarroi que le rêve, visionnaire, avait fait naître en moi. Puis de retour ici, en bas de l'escalier, elle s'est mise sur la pointe des pieds, et me faisant face, mains à plat sur son buste, elle a posé sur mes lèvres comme une bise, presque un baiser, en murmurant : « N'aie pas peur, Roland, continue… »

Et là, à préparer la rédaction du constat de départ de Martial, je ne suis pas sans être troublé par l'élan de Clothilde, la subtile contraction de ce lieu, comme une crainte des murs et des objets. M'inquiète aussi, l'idée oppressante que tout du passé n'est pas forcément conforme aux codes et aux modes et qu'en cela, une vie peut s'en échapper, nous devancer. En ce temps et ce lieu de quiétude insexuelle, je me tourne vers ce passé pétri, révolu, qui évolue pour le saisir à bras-le-corps et l'étreindre comme nous nous sommes étreints.

Ce premier jour de mars 1912, la nouvelle circulait partout de la victoire de Georges Carpentier sur Sullivan. Le championnat d'Europe des poids moyens s'était déroulé à Monte-Carlo. Le champion français avait mis knock-out son adversaire, en deux rounds, s'attribuant facilement un titre dont Martial se réjouissait. Martial avait treize ans. Nous envisagions secrètement, toi et moi, de le faire entrer au Collège à son tour, et de lui faire préparer son baccalauréat. Sans le vouloir, nous le récupérions ! Martial avait tout appris de nous, tellement vite et avec un tel engouement, que même sur le terrain de nos connaissances il nous avait raptés, comme captés du dedans. Martial, brutal, se passionnait de tout. Il rêvait de voyages, et quand nous lui expliquions que nous ne nous étions déplacés qu'une fois jusque-là pour nous rendre à Taormina, il nous jetait : « Vous ne m'emmènerez jamais, je le sais », ou bien « Quelle différence y a-t-il entre se déplacer et voyager ». Et ni toi ni moi, ne répondions. Nous restions justement à notre place, comme pour jalousement ne rien rompre de ce qui s'était lié entre nous trois. Martial ironisait souvent. Comme pour nous narguer il lisait surtout celles-là des pages de journaux qui relataient les faits divers, ou les exploits sportifs. Comme pour nous surprendre ou faire semblant de bondir hors de notre triangle. Ainsi, il avait été frappé par l'histoire de Paul Cousin, ce garçon épicier qui, pour faire du scandale et pour causer des ennuis à ses parents, avait en plein après-midi lacéré dans la galerie Mollien, du Musée du Louvre, le tableau « Le Déluge » de Nicolas Poussin. « Ce Cousin, c'est un frère et je l'admire ! », disait-il pour nous provoquer. « Et à quoi ressemblait ce tableau ? » Je le lui décrivais. Martial n'en jubilait que plus. « Un beau tableau, encore mieux ! Passez-moi un couteau ! » Combien de fois, aussi, Martial mima-t-il la mort de Watcher aux commandes de son avion, quand en plein meeting d'aviation de Reims, cet homme qui ne pilotait que depuis deux mois, et qui avait décidé de voler malgré le mauvais temps, pour, à peine atteinte l'altitude de deux cents mètres, piquer du nez et s'écraser au sol. La main de Martial retombait alors en pointe sur la table du déjeuner. « Je veux avoir un avion, je veux voler moi aussi… » Mais quand il nous appelait de la chambre, quand nous tardions un peu à le rejoindre pour cette sieste qui durait depuis des années, sa voix devenait plus claire, prenait un accent de sincérité. Le seul exploit véritablement attendu de lui était celui de sa jouissance. Ce fut ce jour-là.

Pendant tout le repas Martial avait cogné la table de ses poings, en éclatant de rire. Plusieurs fois, il s'était levé, et se mettant en garde, pour rire, face à toi, ou face à moi, Joseph, souviens-toi, il avait simulé le knock-out de Sullivan, puis la victoire de Carpentier, bras levé, comme si des milliers de gens l'ovationnaient. « Eh bien, vous ne bougez pas, levez-vous ! Vous aussi. Saluez ! »

J'entre dans la chambre avec Martial. Tu nous suis. Tityre dort sur le lit. Martial le chasse. « Va-t'en, chat de luxe ! » C'est la première fois que Martial prononçait le mot luxe. Tityre ne broncha pas. Martial le prend et le jette dans le couloir. Puis il ferme la porte, joue encore au boxeur en arrachant son chandail, puis sa chemise. Il me frappe au ventre, te frappe au visage. Tu te défends. Et nous voilà tous les trois à nous battre. En riant. Pour nous retrouver tous deux, toi et moi, le plaquant au sol. Je le tiens par les poignets, tu le tiens par les chevilles. « Forcément, vous êtes deux ! » Il se cambre, se raidit, se tend. À genoux, au pied du lit, nous le fixons au sol. Il essaie de se dégager. Violemment. Puis il s'abandonne. Mais c'est pour mieux recommencer, comme si d'une saccade il pouvait se libérer. Mais nous le tenons ferme. Tu me regardes, je te regarde et à ce moment-là, pour la première fois, nous avons eu, l'un et l'autre, le sentiment que Martial était devenu proie. La peur de cette évidence nous fait peser de tout notre poids sur les bras et les jambes de l'enfant pour le fixer, instant poignant, comme un aboutissement. Ce duvet au-dessus des lèvres, ces poils timides au niveau du sternum, et ce bosquet à la base de son sexe, doigt tendu, congestionné, vibrant. Martial rit, hoquette, nous insulte, puis rit de nouveau, se cambre de plus belle et brusquement jouit par saccades, deux, trois giclées très vives qui atteignent son cou, son visage. Martial pousse des cris. Se tend et se courbe encore, puis il se calme, s'allonge. Sa tête roule sur le côté. Il ferme les yeux. Replie les mains sur son sexe, puis s'essuie le menton, les joues, le nez et sourit. Un sourire qui finit en soupir. Comme un grognement.

Nous restons à genoux, mains sur les genoux, face à face, toi et moi, impuissants ou bien coupables, à ne pas oser nous regarder. Je me sens brusquement exclu par l'enfant qui n'est plus enfant. Qu'ai-je fait? Qu'avons-nous fait? Cette jouissance fusante, première, montant au visage de Martial, n'est qu'adresse à lui-même, sève amère, étrangère. J'aurais voulu ne pas vivre, ne pas voir ça. Une coupure, comme une blessure qui n'en finirait pas de s'ouvrir. Et tout le temps, après, Joseph, qui nous séparera, béant, gouffre s'élargissant, pour finalement t'ensevelir, toi, dans un temps premier, et moi, a ce temps que j'attends. Un temps premier comme une jouissance première. Les humains sont fous de semences. Est-ce là obsessions? Ce texte est gestation.

Martial roule sur le côté, une fois, deux fois, comme si ivre d'herbe fauchée, il glissait dans un pré. Comme si la maison s'était mise à tanguer, pour chavirer, nous bloquer et nous noyer. Martial glisse sur le sol, tend la main vers ses vêtements. Il se rhabille, assis par terre, en donnant de temps en temps des coups de poings sur le parquet. Il nous tourne le dos. Il s'en va. Nous le savons. Nous savons aussi qu'il ne reviendra pas, qu'il ne reviendra jamais : il a joui, fin de partie.

Il sait lire, écrire et rêver de voyages pour mieux taire en lui notre souvenir et qui sait, mais jamais ne pouvoir l'effacer. Il quitte la chambre, claque la porte, et comme d'habitude, tu te lèves pour aller te poster derrière la fenêtre, guettant à travers les lattes des volets l'ordonnance des vasques de la terrasse, la netteté du gravier, les chaises de jardin retournées sur la table parce qu'on a annoncé des giboulées. Nous entendons Martial au rez-de-chaussée, ouvrir et fermer des portes violemment, comme s'il poursuivait quelqu'un. Puis je m'approche de toi, je fais un geste vers toi. Je pose ma main sur ton épaule. Tu me repousses. Je veux te voir de face. Tu tournes la tête. Je veux te parler, je répète plusieurs fois ton nom, à mi-voix mais tu me dis « Va-t'en! » Je me rhabille à mon tour. Je quitte la chambre. J'ai l'impression que Martial n'est arrivé que la veille. Tout ce temps de pudeur, tout ce temps dévorant. Et cette jouissance pour nous surprendre. Naissance. Je le revois, le premier jour. Il pousse la porte de l'office, son panier à la main. Il nous appelle Joseph et Roland. J'entends cela comme des cris. Une irruption pour commencer, une jouissance pour terminer. Martial s'en va. Étrange silence dans la cage d'escalier. Les marches qui semblent grincer plus qu'à l'ordinaire, le salon et le piano ouverts, abandonné, comme si tu avais oublié de jouer depuis plusieurs années, distrait ou bien fasciné. Je sors d'abord sur le perron et la terrasse. Je te sens m'observer de la fenêtre de notre chambre. Certains, Joseph, pour s'aimer se disgracient ensemble. Ils ne se détruisent pas, ils pourrissent. Au mépris de ceux-là nous nous sommes détruits. Nous nous sommes graciés, cassés de tout jugement.

Je me tiens là, hébété sous ton regard, comme si Martial avait pu fuir par la grille, la laissant grande ouverte, abandonnant Saint-Pardom à d'autres vents fous que celui, couronnant, qui le coiffait pour nous séduire, le premier jour. Je n'ajoute rien aux lumières, aux sons et aux faits de ce jour. Le ciel glacé de mars, peuplé de nuages aux contours nets, naissant dans sa pâleur avait, en ce milieu de journée, comme l'éclat de l'aube, sa rectitude et son silence. Tout du parc semblait pétrifié, surpris comme nous avions été surpris.

Je contourne la maison. Je veux appeler Martial mais son nom se bloque en moi, tout en dedans de moi, mort-né, oublié, rongeur. Je traverse le potager. Je sens brusquement qu'il est parti par là. Par cette porte, notre porte, comme un voleur. Quand, derrière le carré de pruniers, je vois la porte entrouverte, je m'arrête près du puits, je m'assois un instant sur la margelle, et les coudes sur les genoux, je me pétris le visage à deux mains comme si je voulais faire monter en moi des larmes. Me crever ! Gicler moi aussi ! Et du poing je frappe la pierre comme Martial venait de frapper le sol de notre chambre. Un meurtre au pied du lit. Tout de l'humain est rituel.

Je reviens vers la maison. Je pousse la porte de l'office comme au premier jour, Martial surgissant. Sur la grande table de cuisine, Tityre gît, sur le flanc, un couteau planté net dans le ventre. Il remue encore.

Seizième jour

Nos enfants, après, ne furent jamais nos enfants. Nous n'avons eu qu'un frère : Sandro. Et un fils : Martial. La famille humaine est bien hasardeuse. Ce texte, pour nous livrer ne nous délivrera pas. Il n'est fait, lui aussi, que de hasards, tant ceux des notes que nous nous sommes ravis l'un et l'autre, en cachette, que ceux de nos regards. Toi, me guettant de derrière les volets de notre chambre. Toi, m'observant de loin, sur le quai de la gare, à Cazauban, le jour du grand retour. Toi, enfant de chœur, me clignant de l'œil en plaçant le plateau sous mon menton, lors de la communion, chez nos bons Pères. Toi, attendant mon réveil, et posant un doigt sur ma bouche pour que je ne dise rien. Toi, me signalant à la terrasse du Café du Commerce que toutes ces conversations politiques éloignent de toute politique. Toi, me demandant de te rejoindre au plus vite, là-haut. Et mon pas, pesant, dans l'escalier. Comme le poids de tes regards, sur moi. Tu m'as plaqué au sol et contre toi, à force de regards, tout comme, ensemble, de force, nous avons plaqué l'enfant Martial.

Tout à l'heure peu avant le dîner, Sabine est venue nous porter un panier, en guise de pique-nique. Les parents Bérard l'ont, disait-elle, invitée seule pour parler. Mais Sabine ne sait pas manier l'ironie. À peine masquait-elle, face à moi, son dépit de me voir revenir, travailler et dormir à Saint-Pardom. Par contre, un geste ou un mot maladroits de Clothilde, et elle aurait giflé sa sœur. Mais sa réussite la force à se contenir. Sans doute le Père et la Mère Bérard sont-ils en train de traiter avec leur fille aînée de problèmes d'argent dont ni Clothilde ni moi ne nous soucions.

Sabine était bien élégante. Elle aussi est en rupture de deuil. Sa robe était d'un mauve sombre. Une robe que je ne lui connaissais pas et qui à trop la serrer à la taille, lui donnait un air de poupée guindée. Est-il dit, entre les mots ci-dessus la concernant, que je parle d'elle avec la tendresse de l'indifférence ? Une tendresse de loin ! Je laisse Sabine à ses écrins et à ses corsets de douairière.

Avant de nous quitter, soucieuse de ne pas être en retard, encore une menace de soufflé qui n'attend pas, elle s'est retournée vers moi et m'a simplement dit : « Le fils Surrelac achète Copeyne. Le notaire t'attend demain matin. À onze heures. » Puis elle s'est adressée à Clothilde : « Tâche de le réveiller. Je n'y suis jamais arrivée. » Puis, croyant à la superbe d'un dernier mot, elle allait sortir sur le perron, tête haute, quand je l'ai rattrapée, saisie par le poignet pour lui offrir un sourire, franc et net et murmurer : « Quand ai-je dit que je voulais me séparer de Copeyne ? » Elle répondit :

« Justement ! » Puis elle essaya de se dégager. Je la retins et murmurai encore : « Quand t'ai-je parlé d'aller vivre à Paris ? » Elle répéta « Justement ». Et elle se tourna vers sa sœur. « Dis-lui de me lâcher ! » Clothilde me regarda. J'ai libéré Sabine. Elle fit quelques pas. Puis vivement se retourna et me pointa du doigt : « Voleur ! » Voleur ? Clothilde venait de faire signe à sa sœur d'arrêter. Sabine éclata de rire et se dirigea droit vers la grille qu'elle ferma en signe de représailles.

À l'office, Clothilde me demande si je veux dîner dans la salle à manger. Je réponds non, évasivement, tout intrigué encore par l'allure combattante de Sabine, cette assurance forgée en si peu de jours, cet autre visage révélé qui n'exprime plus le refus, résigné, consenti, quasiment altier, mais une soif précipitée de tout ce qui peut signifier l'honorable, l'accession, la montée. Le charme de Sabine venait brusquement de disparaître, comme un rouge qui monte aux joues, un eczéma pudibond devenu furibond. À nous regarder tous deux, Sabine se jouait la comédie du scandale.

Clothilde défait le panier du pique-nique. Du pain rassis, des fruits secs, et un fromage. Clothilde s'amuse à faire et refaire l'inventaire de la pitance. Elle s'approche de moi, tend une main, la pose sur mon front. « Tu devrais en rire, toi aussi, Roland, c'est drôle. » « Ne dis pas ça… » « Mais qu'as-tu ? Tu es pâle ? » Clothilde caresse mes cheveux, comme si elle voulait me coiffer. « Tu me raconteras tout, un jour, n'est-ce pas ? Promis ? » « Promis ! »

Je prends place à la table de l'office. Je revois Tityre, là, poignardé. Je caresse du bout du doigt le bois cherchant une encoche, comme une cicatrice. Mais le bois, pendant tant d'années, a été poli, brossé, lavé, ciré, puis brossé de nouveau. Le bois est redevenu lisse. Pourtant, je tends la main. Tityre bouge encore un peu. Je le caresse. Il miaule. De petits miaulements comme lorsqu'il se mettait à l'affût des oiseaux, sous le tilleul. Joseph me criait : « Appelle Tityre, il m'empêche de lire. » Sitôt quitté le territoire du cahier, me voilà au lieu vrai du crime, des pages que je viens à peine d'écrire. « Mais qu'est-ce que tu fais ? » Clothilde pose des assiettes et des verres sur la table. Je caresse, main à plat le bois. Ma main s'élève, je caresse notre chat, notre chasseur des greniers, petit diable toujours surgissant du panier premier. J'attends qu'il meure, il bave un peu. Son sang se fait comme une petite flaque autour du ventre, se mêlant aux poils. Tityre, couché, regarde droit devant lui, vers la fenêtre. Alors je me penche pour qu'il me voie. Son regard me fait mal. Un regard fixe. Le regard de toutes ces années passées à nous guetter sur le seuil de la chambre ou bien à entrouvrir du museau la porte pour, parfois, glisser, sauter sur une table de nuit et nous observer tous trois. Tous trois ! Alors, d'un geste, je retire le couteau. Tityre meurt en une convulsion.

« Mais que fais-tu ?... » Clothilde me prend la main. Je la regarde. Je souris. « Ce n'est rien. Rien. Je t'assure. » Je l'embrasse sur le front. Nous prenons place à cette table et nous dînons ensemble, calmement. De temps en temps, Clothilde regarde le bois de la table, puis m'interroge du regard.

Vite, vite après le dîner, je suis remonté ici. Clothilde est au piano. Elle déchiffre le premier morceau des Classiques Favoris. L'éternelle Sonatine de Diabelli. Et moi j'écris ceci en souvenir de Tityre. J'écris ceci en souvenir de Martial. Une fois encore, ce soir, j'ai retiré le poignard. Les souvenirs me devancent et m'entraînent. Mais qui retirera ce stylo de mes doigts ?

13 mars 1912. De Joseph. L'invitation

Madame Bérard veut faire un tour de jardin. Ses filles
sont restées avec leur père et Roland, dans le salon.
Elle s'est levée, m'a pris par le bras et m'a dit : « Allons
voir toutes vos plantations », indiquant d'un regard à
son époux qu'elle souhaitait être seule avec moi.

Nous nous promenons donc, elle s'accrochant à mon
bras, et moi pressant un peu le pas. J'essaie toujours de
la ramener vers la maison, mais non, elle veut tout voir.
Devant le tilleul « Qu'il est beau ! » Devant les chênes
verts « Qu'ils sont grands ! » Devant les troènes « Qui
les taille ? » Et entre les troènes, à la limite du potager,
cette aire de terre fraîchement retournée : « On dirait
une tombe ! » « Exact, Madame, nous avons enterré là
notre chat. » Elle me regarde surprise, comme inquiète.
« Un chat ? Mais ça se jette ! » Je ne réponds pas.

Dans le potager, elle s'arrête. Je fais mine de ne pas
m'en apercevoir. Deux pas encore, et sa main glisse le
long de mon bras. Nous voilà détachés l'un de l'autre.
Je respire. Je me retourne et je regarde cette femme

en robe de visite, l'œil vif, le geste sûr. Elle sourit. « Voyons Joseph, vous me permettez de vous appeler Joseph, j'ai connu un peu votre mère. Elle ne parlait pas souvent de vous, mais elle vous aimait beaucoup… » Madame Bérard se rapproche de moi, veut de nouveau me prendre par le bras. Mains dans le dos, je m'esquive et me remets à marcher. Elle se tient à distance. Elle me suit : « Si nous parlions de l'objet de notre visite ? Vous ne seriez pas restés si longtemps dans notre ville, Roland et vous, si vous n'aviez pas eu l'intention d'épouser Sabine et Clothilde ! Clothilde, pour vous, sera parfaite. Et Sabine avec Roland formera un beau couple. Regardez-moi. Seriez-vous timide ? » Je m'arrête près du puits. Madame Bérard s'assoit sur la margelle, remet en place les plis de sa robe, caresse les bagues de ses doigts. « Roland a des diplômes. Très bien pour Sabine. Et vous… » Cette fois, je regarde Madame Bérard droit dans les yeux. Va-t-elle me parler de Rigand ? Me considère-t-elle comme un défroqué ? Elle se tait. Puis elle s'émerveille du potager. « Votre mère s'en occupait beaucoup. » Pour reprendre à mi-voix, en me tendant la main pour que je l'aide à se relever. « Ne vous fâchez pas. Après tout, ce n'est là que le choix que vous avez fait à Montestruc, il y a déjà six ans ! Il faut bien se marier ! »

Nous nous dirigeons vers la maison. Elle reprend mon bras. Elle s'y accroche, ponctue chacune de ses phrases de la main par des petites crispations complices. « Et le mois de mai est le mois des mariages. Deux le même jour, ce sera merveilleux ! » Dans sa manière de dire merveilleux il y a eu comme un accent pointu, pingre, qui commandera tout ce qu'elle dira après, jusqu'à ce que nous nous quittions.

Nous revenons dans le salon. Roland apporte la théière. Monsieur Bérard se lève. « Vous avez tardé! » Madame Bérard prend place dans un fauteuil près de la cheminée, regarde ses filles, l'air ravi. « Eh bien Roland, vous pouvez embrasser Sabine. Et vous, Joseph, embrassez Clothilde! »

Roland, en posant la théière sur le plateau, renverse une tasse. Madame Bérard nous regarde tous. « Nous attendons! » Roland me regarde. Je tends la main à Clothilde. Il tend la main à Sabine. Toutes deux se lèvent. Et nous les embrassons sur le front. Madame Bérard applaudit. « Heureuse, c'est fou! » Monsieur Bérard se tient droit, près de la cheminée, les pouces dans les poches de son gilet, ventre en avant. Il consulte sa montre. Madame Bérard jubile. « Eh bien, mes filles, servez le thé. Montrez à vos fiancés que vous avez aussi des manières. »

Si je note tout cela, propos abrupts, calculés, gestes mesurés en tout, étrange convenance, c'est par étonnement de la facilité avec laquelle les êtres humains se réfugient vite dans un semblant de normalité quand l'urgence d'une expérience leur a fait entrevoir la grandeur et les dangers d'un abandon. Ou d'une passion. Idem!

Dans Saint-Pardom, pour la visite, tout est apparemment en ordre. Mais au plus profond de toi et de moi,

Roland, tout est saccage, mouvant, émouvant aussi. Sans tarder, comme choqués par le départ de Martial, il nous aura donc fallu nous précipiter, plus qu'à l'accoutumée, au Bazar, pour y acheter toutes sortes de choses dont brusquement nous imaginions avoir besoin. Pour finalement nous avouer que nous voulions, l'un et l'autre, sacrifier au rite du mariage. Non pour fuir, mais pour corriger ce qui depuis quelques jours était devenu évident : l'image que nous nous renvoyons l'un de l'autre n'est plus celle, éblouissante, de nos vingt ans. Un temps, peut-être aussi, vient de passer. Le choix de ces deux sœurs, pour paraître une concession aux normes de la vie de notre ville, n'en est pas moins une secrète manière de nous conjoindre officiellement. En cela, comme dit Madame Bérard, nous avons des manières.

Depuis que Martial est parti, nous n'osons plus nous serrer dans les bras l'un de l'autre. Martial aura même raflé ce désir-là. Il a tout poignardé. Quand je t'embrasse furtivement, comme pour t'encourager, ou bien me conforter, je ferme les yeux parce que tu fermes les tiens. Un temps est passé. Les Bérard sont enfin venus en voisins, en visite. Et le tour est joué.

Clothilde verse le thé. « Un sucre, deux sucres ? Un peu de lait ? » Sabine sert Roland en premier. Madame Bérard parle de Copeyne qu'elle voudrait bien visiter. Monsieur Bérard pose sa tasse sur la cheminée. Il croque un biscuit poliment, regarde les tableaux, les meubles, les objets. Il ne parlera qu'une fois pour me demander de me mettre au piano. « Et vous avez le temps de faire de la musique ? » Tout cela est aimable, toujours à la limite du reproche. Madame Bérard couve ses filles du regard, comme si elle les avait gardées pour nous. J'essaie d'imaginer que c'est pour elle un jour de gloire. Pendant que j'improvise une petite valse fantasque pour ne pas leur livrer une musique de nos concerts, j'entends Roland faire inlassablement tourner la cuillère dans sa tasse de thé. Comme un petit crissement. Je sais, Roland, que tu es là, derrière moi, à te réjouir de ce que je n'aie pas choisi un de ces morceaux connus de nous et de nous seuls, musique partagée. Première complicité.

Puis ils se sont levés. Nous les avons accompagnés jusqu'à la grille. Nous encadrions de droite et de gauche le Père et la Mère Bérard. Sabine et Clothilde nous suivaient. De temps en temps nous nous retournions pour leur sourire. Et nous sourire. Seconde complicité.

Et là, du bureau, je te guette. J'ai laissé la porte de la chambre ouverte. Tu es allongé sur le lit. Je t'entends tourner les pages d'un livre. Je t'imagine lissant ta moustache, mouillant le bout de ton doigt pour le placer au haut de la page de droite, froncer les sourcils parce que, au détour du texte, un mot, une idée, ou bien un sentiment t'ont surpris. Tu m'attends.

Après le départ des Bérard, nous ne nous sommes pas échangés un seul mot. Pas même pendant le dîner, rapide, presse, comme si de nouveau, nous avions besoin de nous réfugier dans ces deux pièces du premier étage de notre Saint-Pardom, le forfait du jour accompli. Nous nous sommes regardés, souri, comme surpris de ce que nous venions de vivre. Une visite pour toute une vie! Voici l'autre versant. Et tout ira vite! Après tout, la logique de Madame Bérard est recevable. Nous sommes restés dans notre ville pour Sabine et Clothilde. Quand un chat meurt, on le jette!

Tu m'attends. J'ai besoin d'écrire que tout est à recommencer, plus encore que lorsque nous nous étourdissions l'un et l'autre. J'ai besoin de constater qu'il n'y aura de jour pour nous sans que des différences s'accusent et nous accusent encore, que tout ce qui nous sépare et nous séparera sera étreinte encore plus forte et bousculante, lutte toujours plus pressante et violente.

Je ne suis pas ce soir sans penser que nous avons ouvert une grille à tout jamais. Toute la ville désormais sera le lieu de notre secret. Nous avons atteint le degré de désespoir où tout espoir est véritable. Nous entrons chez eux, mais nous resterons en nous. Ils ne sont venus qu'en visite. Un nouveau désir va naître, Roland. Comme un excès pudique. Une sagesse comme la plus habile des caresses. J'étais surpris de la délicatesse du baiser que tu as posé sur le front de Sabine, tout comme tu as observé celui que je posais sur le front de Clothilde. Ces tendresses-là n'enlèvent rien à notre élan. À nous cogner encore mais, cette fois, sans nous toucher nous ne trahirons personne. Notre couple est détaché de tout. Tu m'attends, et à t'écrire ici, je t'attends. Nous allons ce soir réinventer toutes sortes de gestes dans la solitude de nos corps puisque Martial nous a tranchés. Peut-être entre nous, le creux de cet enfant aura-t-il disparu. Sûrement même. Je sens en moi comme une nouvelle sève, une saveur neuve.

J'ai vu Robert ce matin, au marché. Il m'a serré fortement la main et m'a chargé de te remercier. « Je suis fier de mon fils », a-t-il dit, « grâce à vous ! » J'ai omis de te le dire car cela, déjà, était devenu inutile. Il y avait dans la voix de Robert tant de netteté, comme une clarté souveraine, profondément humaine. Et cela a fait naître en moi, de nouveau, une soif de toi, différente. Distante.

Je vais te rejoindre, m'allonger à côté de toi. Il nous reste encore à descendre le plus grand fleuve du monde. Corps parallèles. Notre lit, cette pirogue !

Les lettres du mariage à quatre

Copeyne le 17 mai 1912.
Très cher ami et beau-frère!
Cher Joseph,
L'ours te salue! La nuit fut douce! J'ai failli oublier que nous nous étions promis de nous écrire, cette fois, pour de vrai. Ne devons-nous pas nous échanger un courrier de lendemain de noces, tout à l'heure chez la Mère Bérard? As-tu déjà écrit ta lettre?

J'ai tardé à m'éveiller. Sabine, dans sa chemise de nuit, dormait sur le côté, me tournant le dos, bras croisés sur la poitrine. Je me suis glissé hors du lit. Cette maison de Copeyne m'est bien étrangère. J'ai fait craquer le parquet en me dirigeant vers la fenêtre. Sabine n'a pas bougé. Là, doucement, j'ai poussé les volets. Comme à Montestruc! Ce n'était plus jour levant, mais déjà plein soleil. Peut-être avons-nous mis trop de temps à nous marier?

Sabine est agréable. Presque habile. Elle a certainement beaucoup lu, ou un peu trop attendu. Directe, soumise, elle cherche à frapper et à soumettre. Et puisqu'il est logique, pour le propos de cette lettre, que je te dise comment ça s'est passé, sache, et reçois-le avec franchise, que je suis comblé.

Sabine fut en certains gestes aussi maladroite que moi, et en d'autres précise, émue, désarmante. Et puisque, par le fait d'hier, nous nous soumettons à toutes sortes de normalités, y compris celle du langage, je te dirai que le mariage a été consommé. Sabine est la reine des abeilles.

Je sais, tout cela, ci-dessus, peut te paraître diablement ironique. Mais à t'écrire, il me semble n'être marié qu'ailleurs. Ou bien m'étreint, pour être plus clair, le sentiment d'être marié deux fois. N'étions-nous pas hier, tous quatre, face à l'autel ? N'as-tu pas comme moi, pensé que le Père Supérieur avait oublié de demander deux « oui » ? Les nôtres ? Deux « oui » supplémentaires ! C'eût été drôle. Pardon, je devrais rayer drôle. Quelqu'un, entre nous, revendique encore. Depuis Martial, drôle n'est pas drôle.

Voilà sans doute un incident de lettre, pour virer au grave, dire une plus stricte vérité. Cette cérémonie de mariage, quelque part, fut une fête. Heureuse. Avec le soleil de la partie. Tous ces gens salués, croisés, ou bien ignorés depuis des années, qui pour un jour sont devenus des amis, comme une réjouissance de toute la ville effaçant le souvenir de mon père, celui de ta mère, récupérant leurs enfants. L'important est qu'ils y croient.

Sabine dort encore. J'ai le temps.

Tant d'amis charmants, tant de sourires, de « j'ai bien connu votre… » ou « comme nous sommes heureux de savoir enfin que… » ou encore « vous formez deux si beaux couples. Félicitations. Rendez-vous aux baptêmes ! » Voilà ce que j'ai retenu des vœux.

Tout s'est passé si vite ! Je me rends compte ce matin seulement qu'en fait, pendant toutes nos années de retranchement, chaque fois que tu t'approchais de la fenêtre de notre chambre, tu regardais la ville, tu l'interrogeais. Ou bien suis-je là à essayer de t'accuser de remords. Notre amour est honorable, puisque nous l'honorons encore. Ah, ce matin fugace ! Ces phrases qui ne tiennent pas debout. Mon cœur bat trop fort. Je tremble un peu, mais ça, tu le verras à me lire. Ce n'est pas mon écriture.

Je noterai au hasard. Nous deux attendant dans le chœur de la Cathédrale que les mariées nous rejoignent, léger retard, nous ne fûmes que deux, face à l'autel, un long temps, et les cloches sonnant à toute volée quand nous sommes sortis sur le parvis, moi en premier, avec Sabine, l'aînée, et toi derrière moi.

Pour la première fois, je t'ai devancé. Per forza.

Sabine dort encore. J'ai le temps. Dès qu'elle bougera, j'arrêterai.

Ce jour de parade, d'honneurs et d'élégances me fut une douleur. Mais la douleur rend la souffrance encore plus supportable. Je ne connais de mon père qu'une pensée livrée peu avant sa mort : « Je leur laisse le malheur, je garde la souffrance. » Bonheur, malheur ! Ils ont joué à ça, hier, autour de nous. Je te regardais tout comme je sentais tes regards. Nous nous sommes terriblement frôlés toute la journée. Voilà que nous inventons de nouvelles étreintes. Voilà qu'une solitude forcée va aiguiser notre conscience et nos désirs !

Que tu étais beau ! Et comme je me sentais bien, jusque dans ma peau. Nous appartenons désormais à l'horizon, cette limite qui recule d'autant que l'on avance. Nous ne sommes plus solidaires, mais pire encore. Le temps est notre complice. Nous sommes, hier, par le jeu de cette fête, la dérision de ces conventions, définitivement sortis du temps pour une éternité. Qui donc comprendrait qu'il ne s'agit pas là de concession mais d'accession à nous-mêmes ?

Leurs joies de noces furent narguantes. Pas même aimables. Passées. Un passé qui n'évolue pas. Tous ces gens, à se distraire, fabriquent du révolu. Or, nous ne pouvons désormais générer qu'un passé vivant, de l'avant, devançant.

Tu attendais peut-être une lettre avec des faits précis, une manière de rectitude académique et sarcastique, comme un ton faussement adulte pour tracer, à traits vifs, le dessin d'un jour de fête, et d'une nuit de dépucelage. Je t'ai livré ici, comme les battements de mon cœur, le sentiment de m'être levé trop tard.

Sabine vient de bouger, rouler un peu. La voici sur le dos, dans sa chemise de noces. Une tache rouge. Elle tend ses bras vers moi. J'arrête.

Et je signe : ton beau-frère Roland.

À Saint-Pardom.

17 mai 1912.

Mon Roland,

Je t'écris en cachette, et en vitesse. Non que Clothilde me surveille déjà, mais le moins que l'on puisse dire est que cette nuit fut blanche, très attentive, au sens des petites tendresses et des délicatesses. Clothilde n'a pas cessé de me regarder, les yeux grands ouverts, le regard clair, interrogeant. Je fus intimidé tout un temps premier. Mais quand spontanément elle a retiré sa chemise de mariée, obscène, avec cette fente de dentelle par-devant, pour venir, nue, s'agenouiller sur le lit et du bout du doigt, se penchant, me caresser le cou, le menton, puis le nez, le front, en riant gentiment, alors nous nous sommes conquis.

Clothilde vient de passer dans le cabinet de toilette. En sautant du lit elle a attrapé sa chemise vierge pour se cacher, pudique, dans sa fuite vers le tub. Elle m'a souri en murmurant « À tout de suite ». J'ai répondu amusé « À tout le temps ». J'aime cette connivence. Nous ne trompons personne. Je pourrais te l'écrire, ou te le dire, pour me convaincre. Ce n'est pas le cas. L'élan qui me pousse vers Clothilde existe, mais il est autre. C'est la découverte de cette nuit.

Je n'aime pas les images, mais après tout, quand on en a besoin, on les retient en guise de secours. Nous aimons, en nous, buissons et bois fous. Elles seront nos jardins, lieux raisonnés, comme le gravier ici, en bas, que nous avions si bien ratissé le jour de leur visite. Ce n'est pas un hasard.

Je n'eus, hier, aucun sentiment de sacrilège ou bien encore de grotesque. L'éclatante distraction des autres n'égala jamais la joie simple, et naturelle, de te sentir à mes côtés, à mon égal, embarqué comme moi dans une aventure qui a commencé par une fuite pure et le meurtre d'un chat. Il y a combien de temps déjà ? Trois mois à peine ?

J'entends l'eau du tub. Un fracas connu. Cela ne me gêne pas. Ce n'est plus toi, mais elle. Une autre personne. Différente.

J'ai glissé en elle sans même m'en rendre compte. Un sentiment, de face ! Neuf ! Tout juste m'a-t-elle mordu à l'épaule. Et l'idée là, maintenant, du besoin qu'elle a de l'eau comme d'un autre corps pour, qui sait, certainement me revenir, n'est pas sans me satisfaire, c'est-à-dire, m'insatisfaire. M'inviter à l'idée que ce qui ne fut que convenance jusqu'ici sera peut-être aussi désir. Comme une compagnie.

Un seul détail, hier, a fixé mon affection. Je me suis senti comme épinglé, à battre vainement des ailes, quand j'ai saisi de la couronne de fleur d'oranger de Clothilde le parfum discret, allant, venant, insinuant quand parfois il s'enroulait autour de moi. Dès que Clothilde est venue prendre place près de moi, dans le chœur de la Cathédrale, cette senteur de fleurs tressées m'a comme rapproché d'elle. Et si de toute la journée, j'ai fort peu quitté ma belle, sache que par ce souffle, elle me retenait. Ou bien m'attirait. Car je ne me sentais guère forcé, mais tout simplement heureux.

Clothilde vient de couper l'eau du tub. Vite, vite.

Et puis, non, point de hâte. J'ai laissé entrouverte la porte de communication entre la chambre et ce bureau. Je n'ai rien à cacher, à Clothilde, puisqu'elle sait regarder. Ses regards m'ont à la fois tout décontenancé et ragaillardi. Oui, je fus pour elle un gaillard. Tout s'est très bien passé, merci.

Je te le dis ainsi car tu sauras me lire sans vulgarité. Quand m'as-tu dit « la vulgarité, en fait, on la porte en soi », tout comme les voyages, l'accueil, la vérité! Bref, on porte tout en soi, n'est-ce pas? N'est accueilli que celui qui accueille! J'ai peut-être su regarder Clothilde, moi aussi. Une histoire de fleur d'oranger.

Interrompu. Clothilde m'a appelé. « Je suis ici, Clo. » Clo? Je n'y avais même pas pensé. C'est venu comme ça. Elle m'est apparue dans le bureau, là, il y a quelques instants, toute drapée du drap de dessus, arraché au lit en passant. Voilà ce que nous nous sommes dit. « Tu écris? » « Oui. » « Quoi? » « Nous! » « À qui? » « À Roland. » Silence.

Elle a simplement murmuré « Comme je t'envie » puis elle a reculé d'un pas, sa main caressant un rayonnage de la bibliothèque. Elle a eu un petit sourire, comme une moue heureuse, et elle a dit à voix encore plus fine : « Moi aussi, j'aurais bien voulu écrire à Sabine. » Et, alors qu'elle glissait dans l'embrasure de la porte, s'esquivant gentiment, je l'ai entendue murmurer « Mais… » C'est tout.

Voilà. Elle chantonne maintenant. Et puisque le temps vient de m'être redonné, puisque ce temps semble ne pas être compté par elle, fille Bérard, le propos de cette lettre va se tourner vers toi.

J'ai oublié toute la nuit durant de penser à toi. C'est vrai. Première nuit, depuis Cazauban, que je n'aurai pas vécue en toi, ou près de toi, quand même avant-hier, nous avons passé celle de notre enterrement de vie de garçons à faire le grand tour des prés et des bois, côte à côte, toi me prenant la main, ou moi saisissant la tienne. « Quid faciat laetas segetes, quo sidere terram vertere, Maecenas, ulmisque adjungere vites conveniat… » Quel art fait les belles moissons. Sous quel astre Mécène, il est convenu de retourner la terre et de marier aux ormeaux la vigne ! Tout cela que tu m'as récité de cœur, je le traduis ici comme si je voulais rendre notre langue encore plus vivante, écouter la voix géorgique.

Ce matin, comme une peur m'étreint. Aurai-je le courage de t'échanger cette lettre contre la tienne si ton regard est sombre et me dit, ce que d'un sourire tu pourrais me cacher. Le mais de Clothilde vient de m'inquiéter. Je te sais seulement possiblement rustre pour dominer en toi toute déconvenue si ton bonheur n'est pas aussi simple et franc que le mien.

Et là, à t'écrire, je te tiens la main, je te serre contre moi. Nous allons nous marier aux ormeaux, la vigne. Ces vers-là, tu les avais choisis, n'est-ce pas ?

Je t'embrasse de tout mon être, et de tout mon corps. À très vite pour l'échange de ces lettres. Je ne veux pas que Clothilde, ma Clo, s'inquiète. Tibi.

                                                    Joseph.

19 décembre 1913. De Joseph. L'onde et le vent

Je me sens comme le ruisseau envahi de rivulaires, glissantes, lissées par l'eau. La chevelure de Clo me hante. Parfois je m'y éveille, et m'y perds pour croire un instant que cette toison va m'étouffer. Dans mes rêves, il n'y a plus des chênes, mais des yeuses. Tout est terriblement jeune, et ne demande qu'à grandir. Dans mes rêves, je ne me promène plus, Roland, mais immobile, j'observe toujours ce bosquet de jeunes chênes, paysage figé, nature morte. Je m'oblige à me réveiller, tant dans mon sommeil, je ne voudrais pas casser d'une étreinte brutale, notre habitude, celle qui a pris ta place. Qu'avons-nous fait ? Pour nous venger de qui ? Et de quoi ?

Dans mes rêves, je me dis aussi que si nous nous retrouvions, tout du paysage fixe se remettrait à vivre. Puis je me murmure que ce n'est là qu'un rêve. Ou bien nos deux épouses ont-elles capté toutes les forces de cette nature qui nous entoure et au rythme duquel nous avons vécu tout un temps, nous étreignant.

La grossesse de Clo est sereine. Elle parle beaucoup de cet enfant qu'elle porte en elle. Il bouge déjà, me dit-elle. Serais-tu choqué si je t'avouais qu'alors j'ai envie de lui dire que tu bouges encore en moi. Mais je ne le fais pas. Parce que cela ne se fait pas. Je l'écris, et le livre au secret de cette page, qui comme tant de pages déjà, rejoindra la nuit d'un dossier, acte d'accusation, au sens où nous accusons encore l'un et l'autre d'avoir provoqué l'absolu.

Ah le saccage solitaire de ces pages! L'œuvre à deux est-elle possible hors du vécu d'un couple? À écrire, j'ai l'impression que tu lis, tout au-dedans de moi, tapi, sentiment qui n'en finira jamais de me sur-prendre. M'as-tu volé mes yeux? Et mes mains, les as-tu enfilées comme une paire de gants? Mon corps?

Sabine te parle-t-elle aussi de l'enfant qu'elle attend? Je passe de toi à elle comme si sa rigueur à ne rien lais-ser paraître de ce qui vous lie, quelque part, me bles-sait.

J'ai croisé Martial, ce matin, au marché. Il livrait des œufs et de la volaille. Il m'a adressé, de loin, un geste, net et haut, de la main. Il a crié « Bonjour » comme un éclat de rire. C'est tout. Il a continué son chemin. Et moi le mien. Et moi le nôtre, tant encore à chaque pas nous sommes encore à nous crocher le pied. Il faut l'admettre, Roland, nous ne sommes pas sortis l'un de l'autre. Nous sommes entrés trop profondément l'un dans l'autre. Tout peut arriver dans le monde. Et les nouvelles de partout sont bien alarmantes. Tout peut arriver en ce siècle, et Diable sait qu'il a besoin d'événements et qu'il ne manquera pas d'en faire grande consommation. Une seule chose compte et demeurera : notre fonte, comme un témoignage.

Nous nous sommes figurés jusqu'à l'extrême. Il n'y a jour sans que je pense au ring de tout notre premier plan de vie, lieu clos, ceint de cordes qui nous renvoyaient l'un vers l'autre pour des rounds toujours nouveaux. Quand Martial a levé la main, en signe de reconnaissance et de bonjour, ce matin, je n'ai pas été sans penser à sa joie de la victoire de Carpentier, ce jour-là, le grand jour de sa jouissance. Martial, arbitre, nous a brisé notre corps à corps car le combat d'égal à égal menaçait de se terminer par un double K.O. Les souvenirs aussi sont des cordages pour nous éviter de chuter, et nous renvoyer l'un vers l'autre. Ainsi la pulsion de ces phrases, de ces notes, comme un besoin, une urgence, fait naître en moi le désir de monter au grenier, d'ouvrir la lucarne d'où l'on voit Copeyne, et de t'appeler.

Mais Sabine l'entendrait aussi. Et ma Clo s'inquiéterait. Elle ne doit plus monter d'escalier. Elle dort dans le salon, près du piano, et parfois, quand elle veille, je me mets au piano et je joue, tout doucement, pour vous trois : elle, l'enfant et toi. Oui, toi. Qui écrit, ici ? Toi, ou moi ? Je te porte en moi, voyageur clandestin !

Étrange rite que celui de nos rencontres. Comme un spectacle en alternance. Un soir à Saint-Pardom, un soir à Copeyne, et ainsi de suite. Les deux sœurs rivalisent de bonheur. Je ne suis pas sans être confondu par la spontanéité de Clo quand Sabine, elle, mesure toutes ses joies. Je la sens si prête à te faire des reproches. Et les reproches rentrés sont plus virulents. Ils n'en finissent pas de frapper. Avec Clo, je te devance encore. La préséance du jour de notre mariage, quand tu es sorti de la Cathédrale, avec elle, en premier, n'est qu'une exception confirmant notre règle intérieure. Il y a un accord réel entre Clothilde et moi qui n'est que feint entre Sabine et toi. À l'analyser, il me faut ici admettre que je suis le seul blessé, car je te sais trop fort pour en être affecté, et tu me sais trop à cran pour ne pas en souffrir. Ce ricochet aussi est notre amour.

J'aime le vent de décembre, cet air vif. Il établit une distance entre Copeyne et Saint-Pardom. Ce soir, quand nous viendrons chez vous, quand je poserai un grand châle de laine sur les épaules de Clo, je penserai à cet amour que je couve et couvre encore en moi. Dès notre arrivée, le premier regard que nous échangerons sera notre étreinte, style nouveau !

Un seul amour, c'est tout. Je meurs où je m'attache. Je vis où je m'attache. C'est la même chose. Un dire sur un mouchoir brodé. Nous sommes un lierre tenace.

Et quand le soir, Clo défait son chignon, quand ses cheveux retombent en cataractes sur ses épaules, libérés, je t'oublie, je te gomme. Elle est l'onde quand tu demeures le vent. Elle est amour tendre, si loin d'un amour violent. Je t'aime, Roland, ce verbe enfin nous convient. Une quiétude l'inspire. Une ordonnance. Une distance.

Elle est l'onde et tu es le vent, toujours cinglant, revenant, fouettant, qui bat ici les mots, me chasse de cette page que tu liras, ce soir, tout entière, dans un seul regard. Un regard suffit. Dit tout. Œuvre absolue. Terribles œuvres incomplètes. Souris!

7 février 1913. De Joseph. Le petit couple

Henri est né hier, sept heures du soir. Marie est née aujourd'hui, cinq heures du matin. Tu ne pouvais, Roland, qu'avoir un fils pour aîné. Et moi une fille. Question de sensibilité. Ou bien est-ce là encore une dissemblance à la forge de notre ressemblance?

Tout s'est passé comme si nos deux sœurs s'étaient donné le mot. Mais préséance encore, Sabine fut la première! Et toi aussi, comblé: quelle fierté quand tu es arrivé ici, essoufflé, pour m'annoncer: « C'est un fils! » Est-ce là ce qui a déclenché de manière prématurée les douleurs de Clothilde? La sage-femme n'a donc eu qu'à passer d'une demeure à l'autre.

Sabine n'a pas crié. Tu m'as même dit ton inquiétude. On t'avait consigné dans le salon de Copeyne? Et tu m'as dit t'être senti frustré. Aussi ne t'ai-je point avoué qu'au dernier moment, Clothilde a demandé que j'entre dans notre chambre. Une chambre toute pleine de cris, étouffante aussi tant on avait chargé de bûches la cheminée. La Mère Bérard marmonnait à mon encontre, parce que j'étais là. « Ça ne se fait pas! » Elle se tournait vers la sage-femme occupée à préparer Clothilde : « N'est-ce pas, Madame? » Mais Clo tendait un bras vers moi. Elle le tendait si fort que je me suis approché pour lui prendre la main. Et là, surplomb de ce lit, je dis bien ce lit, j'eus du mal à rester les yeux grands ouverts, comme Clo. J'eus du mal à respirer tout ça! Cette odeur moite, de surchauffe et de douleur, Clo ponctuait ses cris d'une crispation, enfonçant ses ongles dans la paume de ma main.

Clo l'a voulu et m'a entraîné. Il fallait que je voie! J'ai vu, la petite tête vrillante, visqueuse du bébé et les mains potelées de cette femme étrange qui répétait : « Respirez, respirez fort, Madame. » Je me suis mis à respirer avec Clo, en même temps que Clo. Je la regardais droit dans les yeux. Je ne voulais plus voir le nouveau-né, glissant, péniblement. Puis la sage-femme a presque chanté. « C'est une fille! » Clo eut une grimace, comme un sourire. Elle m'a tiré vers elle et m'a dit à l'oreille, très indistinctement, répétant plusieurs fois pour que je comprenne « Ouvre la fenêtre… ouvre! »

Quand j'ai voulu le faire, la Mère Bérard m'a retenu. « De quoi vous mêlez-vous? » Clo eut comme un cri « Va-t'en maman ». La Mère Bérard a regardé sa fille, puis la sage-femme qui nettoyait l'enfant. Elle est sortie. J'ai ouvert la fenêtre. Clo a fermé les yeux, en respirant plus calmement. Elle retrouvait son souffle. Elle s'est endormie presque instantanément. J'ai regardé notre petite chose toute frétillante. La sage-femme opérait sans sourire, avec tant de méthode que je n'osais pas M'approcher. Alors, je me suis mis à respirer comme Clo, endormie.

L'air de la nuit regorge de senteurs sèches. La terre de l'hiver sent presque le métal. Je puise là des forces et m'émerveille de tant de quiétude quand, il y a une heure à peine, tout de la maison hurlait au massacre. Tout cela de douleur et de rumeur qui entoure la mise au monde d'un enfant, semble crier gare. Toute vie commence donc par un cri de mort. « Ah non, pas ça ! »

Quand je suis redescendu dans le salon, tu étais là, tu étais revenu, tu avais fait le va-et-vient plusieurs fois entre chez toi et chez moi. Tu m'as dit : « Tu te cachais ? » Je n'ai rien répondu. C'est mon secret. J'ai vu. « C'est une fille. »

Tu as reculé d'un pas, bousculant une chaise. Tu ne comprenais pas mon sourire. Tu es reparti furieux. Pourquoi ?

Là, j'écris. Je me suis installé dans un fauteuil, face au lit. Notre petite Marie dort dans un panier. Elle est toute frêle et fripée. Toi, tout à l'heure, tu annonçais avec arrogance le poids de ton fils. « Et il a des cheveux ! »

Venons-nous de nous fâcher pour la première fois ? C'est ordinaire. Ici, je veille. J'attends l'aurore. Un premier jour pour un Henri et une Marie. Sauront-ils jamais vivre ?

Je ne renie rien. Tout nous modifie. C'est tout. En me fuyant tu courais vers moi, et moi aveugle toujours à ta rencontre. Nous nous sommes choqués. Et voilà, deux enfants. Un vrai petit couple!

Vingt et unième jour

Juin, déjà! Comme un été. Je viens d'arracher à l'éphéméride la feuille du mois de mai, mois de ta mort, Joseph, peau morte. Vingt-deux ans plus tard, ayant tout juste recopié le texte du Petit couple, il me faut interrompre. Plus j'allais et venais de Copeyne à Saint-Pardom, de Saint-Pardom à Copeyne, cette nuit-là des naissances, plus la distance séparant nos deux maisons me semblait grande, peuplée d'obstacles et d'embûches, comme si la ville s'était répandue en murs, murets, haies, sentiers pour nous isoler, prisonniers, toujours épris l'un de l'autre. Et chez toi, ce silence! Je te cherchais. Je n'osais pas monter à l'étage des cris. Puis, de retour chez moi, je me retrouvais seul, cantonné, interdit au premier étage. Je n'avais vu Henri, mon nouveau-né, aîné, que furtivement. La Mère Bérard, de retour de chez toi, m'avait répété : « Restez là! De quoi vous mêlez-vous, vous aussi ? », en refermant la porte du salon sans même que j'aie le temps de lui gueuler de foutre le camp.

Alors, je suis sorti, j'ai refait le chemin périlleux. Je frappais les murs, les arbres, tapais les pierres, tendais le poing au ciel noir, nouais, dénouais un cache-col emporté à la hâte, criais au vent d'arrêter de faire n'importe quoi, dans tous les sens, s'aiguisant aux branches nues des arbres. Je revois tout cela. Les silhouettes des figuiers, mains crochues, comme pour m'attraper, me retenir, et me moquer de revenir vers toi.

J'étais exaspéré. En moins d'un an, nous avions vécu comme un mauvais rêve. Tout ça pour un petit boxeur et un chat poignardé. Ah, le premier versant de notre vie, cramponnés l'un à l'autre, à escalader tout de nous et du ciel, à tout dominer de notre solitude, pour en arriver là. Toi, souriant, serein. Avec ta Clo. Et moi, allant, venant, frôlant Sabine, n'aimant pas ce second versant, l'idée de n'être plus ensemble que côte à côte, à nous inventer de nouvelles étreintes toutes plus intellectuelles les unes que les autres, à l'image de celles inventées par certains délateurs qui parlent d'amour sans l'avoir vécu, sans en avoir joui, faute d'esprit. Ceux-là inspirent du présent et n'expirent que du passé. Ils expirent! Mais nous?

Cette nuit-là fut de métal. J'ai cité ci-dessous les vents. Ils étaient désemparés, eux aussi. Que venions-nous de faire? De commettre? Ces enfants, qu'étaient-ils donc, jaillis de nous, sortis d'elles? Quelle terre humaine venions-nous là de trancher et d'ensemencer? Jusqu'où irait notre amour pour eux, et dans quel état de fierté abusive et dangereuse leur laisserions-nous un monde obstiné à tout maîtriser, trop inventer, tout détruire, quand en marge de toute histoire, nous avions choisi ce qui pour certains peut paraître oisiveté et qui fut, dans la réalité, le grand combat d'une vie quand elle est ? Venions-nous de commettre un abus ?

Toutes ces questions-là, j'aurais voulu te les poser. Mais un sourire de toi m'a désarmé. Quand tu es redescendu de « notre » chambre, fier d'avoir « vu » la naissance de « ton » aînée Marie. Et fort de tout cela, imprégné d'une même conscience, tout pressé toi aussi par les mêmes interrogations, tu avais choisi de ne rien me répondre.

Ce soir-là des naissances, j'avais le sentiment d'exister. Un sentiment profond, lacérant tout, du dedans. L'incohérence de mes gestes, cette opiniâtreté à tout battre des pierres et de la terre, sur le chemin séparant nos lieux désormais distants, M'étaient urgence de langage. Je ne frappais pas, j'interrogeais. Mes questions répétées, tapantes, ont semé un grand désordre nocturne. Pour un peu je me serais pendu au cache-col ! Martial aurait dit c'est drôle, drôle, drôle ! À trop exister parfois on se sent insupporté et tout devient insupportable. Ô puissance de ce sentiment passager qui pour un peu vous flatterait au point de vous pousser à accomplir l'acte immanent de justice.

Nuit, grande nuit de fer et d'étain, poussières de plomb, vent de mica et d'alumine, et moi, maître de forges, en quête de compagnon ! Parlons d'aujourd'hui. Quelle situation tu me laisses !

Henri a été reçu à son examen. Nous le savons depuis deux jours. Il serait de logique de cœur, n'est-ce pas mon Joseph, que je ne quitte pas Saint-Pardom, que je ne vende pas Copeyne, que je ne suive pas Sabine, que je ne joue pas auprès d'elle le rôle de comédie de mœurs qu'elle va me faire jouer? Elle veut monter à Paris, entourer, façonner, fabriquer son miracle de fils aîné. Je la suivrai. Je jouerai le rôle, mais sans mot prononcer. Je n'ai rien à répliquer. Je serai tant pour elle, que pour mon fils, l'époux et le père dont on oubliera vite jusqu'à l'existence. On me taira après ma mort, puisque le propos de Paris est pour moi celui de mourir. Un anonymat, comme un dernier retour vers toi. J'irai au-devant des poignards. Je sais où ils se trouvent. Je retrouverai, là-haut, toutes les tentations que j'ai connues pendant cette année où nous fûmes séparés, du temps de cet examen et de ce diplôme de parade! Peut-être vais-je suivre Sabine dans ce déplacement pour mieux penser encore que tu m'attends. Ma mort sera comme un nouveau rendez-vous à Cazauban.

Il serait de logique de cœur, n'est-ce pas mon Joseph, que je reste avec Clothilde? Je l'ai surprise tout à l'heure, chignon défait. Elle brossait ses cheveux, lentement, avec une grâce juvénile. Le seul fait de ma présence dans cette maison lui inspire, au hasard, des gestes étrangement liés à la nature dramatique de ce cahier qui, pour nous restituer, ne sera pas sans nous perpétuer. Oui, l'attention de Clothilde perpétue. Elle nous indique un chemin. Et si, le soir des naissances, j'allais et venais, à l'image presque de ce que j'écris aujourd'hui, c'était peut-être, aussi, parce que je te sentais, par elle, moins seul que moi. Clothilde brosse ses cheveux ? Je pense à l'image des rivulaires, herbes glissantes, proliférantes de tous ces rus où nous nous sommes éclaboussés ensemble.

Henri est reçu. Il me méprisera plus encore. Il va jouer le jeu de cette société qui à prétendre bâtir, détruit. Qui à prétendre se libéraliser ne fait qu'entretenir le culte de toutes sortes de systèmes moraux religieux ou antireligieux. C'est la même chose. Ah, la marge, notre sentier ! En marge d'eux, à Paris, je chercherai le bout du chemin, comme un quai de gare pour un éternel retour. Tout cela a un sens, parce que pas de sens établi.

J'ai classé déjà la plus grande partie de tes notes pour cet ouvrage que tu aurais peut-être intitulé « Lectures de Virgile ». J'ai classé aussi les miennes sur Tite-Live. Est-il important de noter que nous avons fait ces travaux, que nous avons consacré, dans le silence des jours, au moment de nos guets, toute notre vie à analyser ce qui fut livré par ces deux grands poètes. J'y tiens pour Tite-Live, ne te fâche pas ! Et ces travaux sont voués à l'ombre d'un tiroir. Je les laisserai ici, en dépôt, jusqu'à ce que Marie, héritière de ce lieu, les détruise. Qui sait, les jettera-t-on de manière ordinaire. À la manière de la Mère Bérard qui jette ses chats.

Seul ce cahier demeurera. Je le cacherai, lui aussi. Mais tout comme Clothilde sait encore se brosser les cheveux, le lira-t-elle un jour ? À moins que par le jeu des messages posthumes, je ne la guide, elle aussi.

Elle joue du piano de mieux en mieux. Je l'entends, en ce moment, déchiffrer. Elle déchiffre! J'ai si peur que tout cela d'elle devienne complicité. Notre vie fut digne et droite. L'attention de Clothilde suffit.

Je vais mourir, mon Joseph, attends-moi. Tu m'attends! Ouvre ton cœur. Ne souris pas de ce que je viens de dire là. C'est un fait de l'esprit, comme un exploit.

Ce cahier sera notre œuvre. En tout début de cette année, si peu de temps avant ta mort, tu avais lu un article d'Ernst Môkle dans une revue marxiste. Tu me l'avais commenté. Il disait en substance que quel que soit le type de société, il y aurait toujours des créateurs pour cent mille personnes, des créateurs pour dix mille et d'autres pour mille. Et en souriant, tu avais ajouté: « Il nous a oubliés, nous avons œuvré pour nous deux. Ce Môkle-là n'est pas allé jusqu'au bout de sa pensée! »

Dans vingt jours, nous quitterons Copeyne avec armes et bagages. Sabine prétend qu'il nous faudra au moins l'été pour nous installer à Paris! Nous installer!

Pour ce cahier, le compte à rebours se termine. La boucle sera bouclée et nous étranglera. Nous renaîtrons! Il me faudra encore, dans les jours à venir, suggérer ce que fut pour nous la Grande Guerre. Je recopierai ici certaines des plus belles lettres que le jeune soldat Martial nous a adressées du front. Peut-être aussi auparavant, pardonne-moi, recopierai-je un texte de moi retrouvé, papier jauni, écrit probablement à l'époque de la naissance de ma fille Sophie, peu de temps avant que Clothilde mette au monde un enfant-mort, pour l'année suivante rattraper sa sœur avec le petit Pierre, dans ce qui fut pour elles une tendre course aux enfants. Pierre, ton fils! La guerre venait d'être déclarée.

Allons, peut-être nous sommes-nous mariés et avons-nous fabriqué tout cela d'humain par peur de vieillir ensemble. Par frayeur aussi de nous tuer l'un l'autre. Du vif, mais pas de rides!

Clothilde vient de s'arrêter de jouer. Nous dînons à Copeyne, ce soir. Et ce sera le premier d'une longue série de dîners d'adieux. Sabine a vendu Copeyne, cette maison qui ne fut jamais vraiment mienne tant mes racines sont ici. Le sait-elle? À Saint-Pardom, j'ai grandi, bras de tes bras, corps de ton corps. On n'arrache pas les chênes, on les tronçonne, à l'image de ces pages.

Les racines, au plus profond de la terre, cherchent la nuit féconde qui ne sera jamais oubli.

Sur la plage de notre lit, à ta place, d'un souffle, d'un soupir, comme d'un sifflement respiré, je te parlerai encore quelques nuits.

Ce cahier est comme la paume de ta main, je l'embrasse pour te dire merci. Tant de jouissances encore!

14 avril 1913. De moi. Le crapaud

Tout a commencé il y a quatre jours. Sabine a dit : « Je ne veux pas de ce crapaud dans la cave ! » Cette remarque, Joseph, ne fut pas sans t'amuser un peu. Sabine, à peine relevée de l'accouchement de Sophie, ma cadette, reprend si prestement en main toutes choses de cette maison. « Ce crapaud est dangereux. Ça crache un crapaud. Et ça brûle la peau. Et puis que fait-il chez nous à cette époque de l'année ? » Clothilde a murmuré : « C'est un signe de bonheur ! » Puis elle a posé couteau et fourchette comme si elle n'avait plus faim et, bras croisés sur son ventre enceint, adossée à la chaise, elle a répété : « Oui, un signe de bonheur ! » Et tu t'es levé, tu as embrassé Clothilde sur le front en lui demandant si elle voulait rentrer. Sabine a proposé de garder Marie, avec Henri et le bébé, pour la nuit. D'ailleurs, a-t-elle ajouté, « ce serait plus simple que nous vivions tous sous le même toit. Ici, c'est plus confortable. Saint-Pardom est trop grand. La petite-fille de Noellie m'a écrit de Tressens. Elle garderait tous nos enfants ! »

Sophie s'est mise à crier dans son berceau. Sabine s'est levée. « Quelle affamée ! » Et, Sabine, en bonne mère, nous a quittés, en plein repas, fière, elle, de pouvoir donner le sein, quand Clothilde n'a pu nourrir Marie que trois ou quatre jours, tu te souviens ? Je me suis tourné vers Clothilde. « Ne fais pas attention. Te sens-tu bien ? » Clothilde a fait signe que oui. Tu as repris place à table, Joseph. Nous nous sommes remis à manger. Clothilde nous regardait étrangement. Tu lui as souri. « Parle-nous du crapaud. »

D'une voix douce, Clothilde a expliqué qu'un crapaud se tient toujours là où quelque chose a été perdu, moquant un peu cette superstition, précisant tout de même « C'est vrai, on me l'a dit ». Nous mangions. Clothilde nous interrogeait du regard. Nous nous sommes mis à imaginer toutes sortes de choses perdues ou de faits oubliés justifiant la présence de ce batracien dans ma maison. Mais aucune explication ne nous satisfaisait. Puis Clothilde m'a demandé où exactement se tenait le crapaud. Quand je lui ai expliqué qu'il ne quittait pas le tas de bois à la cave, elle a souri avec encore plus de douceur, ou de lassitude et, relevant les bras, saisissant son chignon à deux mains, retirant les épingles une à une, laissant retomber ses cheveux, chose que sa sœur lui interdit de faire pour être correcte pendant les repas, elle a murmuré : « Je me sens mieux ainsi, et j'ai compris. » « Quoi ? » « Le crapaud sur le bois ! » « Explique ? » « Tout à l'heure… »

Quand nous fûmes au salon, à boire une infusion de menthe, toi, Joseph, attisant le feu et moi guettant

Clothilde dans son fauteuil, comme cassée sur son ventre, le regard rivé sur toi, nous eûmes droit à l'explication. « Un feu de bois, ça réchauffe le cœur, n'est-ce pas ? Ce crapaud est là, sur ce tas de bois dans cette maison, pour une chaleur oubliée. Un cœur perdu ? C'est bête, mais c'est ça. » Alors, Joseph, tu m'as regardé. J'ai baissé les yeux. Clothilde nous a surpris. Puis elle a poursuivi en nous regardant l'un et l'autre : « Pardon Roland, pardon Joseph, ne parlons plus du crapaud, voulez-vous ! » Sabine nous a rejoints, boutonnant encore son corsage. Comme pour agacer encore sa sœur. Silence. Ah, les violences de ces silences. Carré de malheur ! Sabine s'est tournée vers moi : « Cette menthe est trop sucrée. Le sucre coûte cher ! » Pour après une gorgée, en revenir au crapaud. « Je veux que tu nous débarrasses de ça demain ! »

En fin de soirée, Sabine et Clothilde entouraient Marie dans un grand châle pour « lui faire faire le chemin bien au chaud ». Tu t'es approché de moi, Joseph, et tu m'as dit « Tu ne m'envoies plus de poèmes ? » J'ai répondu « Toi non plus ». Nous n'avons pas souri. « Alors tu prends des notes ? » J'ai répondu « Toi aussi. » Et comme si tu voulais d'un bon mot rompre notre embarras, sombre fougue, tu m'as demandé « Comment va Tite-Live ? » J'ai répondu « Aussi bien que Virgile ! » Et tu m'as attrapé la main pour me la serrer fort. Trop fort peut-être.

Aujourd'hui, je sens encore comme une empreinte. La main avec laquelle j'écris ceci !

Pendant trois jours j'ai laissé, ouverte, la porte de la cave. Je descendais de temps en temps pour parler au crapaud. « Va-t'en, je te dis, va-t'en vite! Ce n'est pas une maison pour toi! » Je lui disais des choses stupides, des choses senties, spontanées. « Elle ne veut pas de toi! Tu comprends? » Mais je ne m'approchais jamais de lui. Au faîte du tas de bûches, il m'observait fixement venir et revenir et ne jamais trop m'approcher.

Les trois soirs qui suivirent, quand nous rentrions de Saint-Pardom où Clothilde, couchée, souffrait de son septième mois de grossesse, Sabine me redemandait : « Tu l'as bien tué, n'est-ce pas? » Et, Henri dans mes bras, Sophie dans les siens, nous marchions côte à côte, nous revenions chez nous, je ne répondais pas. Ne pas répondre avec elle est ma seule défense. Ou bien ma seule attaque. Hier, elle m'a dit : « Très bien. Je le ferai moi-même demain matin! »

Ce matin, je suis descendu très tôt. Le jour venait à peine de se lever. Je me suis assis par terre, devant le tas de bûches. Le crapaud, toujours en haut, me regardait, étonné, avec ses petites griffes, il se cramponnait. J'ai dû répéter des choses comme : « Va-t'en, je t'en supplie. C'est maintenant ou jamais! » Mais il ne bronchait pas. Alors je me suis levé, j'ai tendu les mains vers lui, décidé à le porter dehors, très loin, au fond du jardin, quand instantanément, il m'a craché dessus. Un jet brûlant. Je me suis précipité à la cuisine, et dans l'évier, je me suis aspergé d'eau les avant-bras, les mains, me frottant vivement… Puis je suis redescendu à la cave. Le crapaud était toujours là, au même endroit, effaré. J'ai saisi une bûche et j'ai frappé une fois d'abord en fermant les yeux. Puis les rouvrant, voyant que j'avais tapé à côté et que la bête essayait de se glisser entre les bûches, j'ai frappé encore, yeux ouverts cette fois, et j'ai vu le crapaud se briser, se crever. Je m'acharnais car il restait la tête et ces yeux qui me regardaient. Puis, fini ! Alors, avec deux bûches, j'ai attrapé le petit corps, et bras tendus devant moi, je suis sorti de la cave, pour te voir surgir, Joseph, essoufflé, pâle, bouleversé et t'entendre m'annoncer, bredouiller, comme un sanglot : « Clo a perdu notre enfant. »

J'ai laissé tomber les bûches et le crapaud. J'ai voulu faire un geste vers toi, mais tu as reculé. Sabine de la maison m'a appelé. Tu m'as regardé et tu m'as dit : « Annonce-lui la nouvelle. C'est ton rôle. » Et tu es parti.

Je suis monté directement dans mon bureau. J'ai croisé Sabine, dans l'escalier. J'ai simplement murmuré « Clothilde a perdu son enfant » sans même observer l'expression de son visage à recevoir la nouvelle.

Et je suis là, depuis des heures et des heures, à tenir ce stylographe comme on brandit une bûche, à m'acharner sur une proie ridicule, regardante. À m'étonner que ce petit meurtre me soit plus grave que la mort d'un enfant.

Tu es revenu dans l'après-midi pour me dire : « Clothilde dort. Ce n'est pas grave. » Pour me saisir par la nuque aussi, debout derrière moi, alors qu'assis à mon bureau, je n'avais pas bougé à ton entrée. Tu as murmuré. « Pardonne-moi, mais ce matin, tu m'as fait peur. Ce crapaud, pourquoi l'avoir tué ? »

Je sais, ce sont des hasards, de petites choses de la vie. Mais j'ai comme une empreinte au poignet de ma main droite, et des brûlures aux avant-bras, toutes sortes de petites blessures de surface cachant une blessure plus profonde encore. Nous nous sommes crachés au visage. Nous aussi, Joseph. Les yeux grands ouverts. Nous aussi.

Tu m'as longuement tenu la nuque. J'ai dû me relever pour me dégager de ton emprise. Et là, face à toi, je ne sais plus qui s'est penché vers l'autre, qui a attiré l'autre, nous nous sommes embrassés, bouche fermée, à nous écraser les lèvres, à sentir le rempart de nos dents. Et nous ne nous sommes même pas pris les mains l'un de l'autre. Nous étions comme arc-boutés, chacun avait besoin de l'autre pour se tenir debout. Nous n'en finirons jamais de nous définir.

Puis tu as reculé. Tu as respiré très fort. Tu as serré, en poing, ta main gauche et tu as frappé la paume de ta main droite, pour me dire vivement : « J'aime Clo, tu sais ! Ce n'est pas grave ! Nous l'aurons notre fils ! » Pour sourire et ajouter « Elle me l'a déjà dit ». Dans ce « déjà » il y avait comme la note aiguë d'une joie.

Tu es reparti rejoindre Clothilde. Nous gardons Marie avec Henri et Sophie. Sabine a décidé d'engager la petite-fille de Noellie. Elle arrive demain. Bientôt nous vivrons tous ensemble, ici, à Copeyne. Saint-Pardom redeviendra notre lieu.

Au hasard d'un magazine du mois dernier que je viens de feuilleter j'ai vu une bien éloquente photo : les petits éclaireurs de France exécutent des exercices dans le bois de Clamart. Et sous la photo, la déclaration d'un certain vice-amiral Besson : « Les manœuvres militaires ont démontré l'excellente méthode et l'ingéniosité de nos combattants de demain. » Ils veulent tous se battre ? Qu'ils se battent ! Tous ces enfants ont l'âge de Martial ! Dépêche-toi Joseph de l'avoir ce fils et nous ne la ferons pas cette guerre, si elle se déclare ! Leur revanche n'a rien à voir avec notre offensive ! Cet autre versant de notre vie est pentu, et il nous faut aussi le vivre !

Je vais descendre, ramasser les bûches devant la porte de la cave, et jeter le crapaud, à la manière Bérard. Après, j'irai allumer un grand feu de bois dans le salon. Pour me réchauffer. Nous sommes déjà un peu sous le même toit à nous arc-bouter l'un contre l'autre, n'est-ce pas ? Autre partage. Bouche fermée.

Tu vois, je prends des notes. Je continue. Et Martial est toujours là. Il s'insinue. J'ai beau lui taper dessus, c'est toujours à côté.

Trois lettres de Martial

Villeneuve, le 3 novembre 1914.
Salut Joseph, salut Roland.
Oui, c'est de Martial! J'ai besoin de vous. Je sais que vous pensez a moi. Ma lettre va vous causer une agréable surprise puisqu'elle vous vient de Villeneuve alors que vous me croyez à cent lieues d'ici. En effet, je me trouve encore à Villeneuve et ne peux vous dire quand je partirai. Si je pars avec la classe 1914, avec dispense, je suis le plus jeune, ce serait du 1er au 6 novembre, sinon je partirai à une époque ultérieure.

Dans tous les cas, si ça ne vous dérangeait pas trop, envoyez-moi un petit paquet dans lequel vous mettrez trois paires de chaussettes en laine. C'est un paquet très facile à faire et il me serait difficile de m'en procurer de pareilles. Pour le reste, je l'achèterai. Il me faut une paire de gants, une toile cirée pour protéger de la pluie et un couvre-nuque pour me couvrir le cou et éviter l'eau dans le dos.

Je me porte très bien et aimerais bien savoir si vous êtes dans les mêmes conditions. Pourquoi ne m'écririez-vous pas ? Les camarades me demandent parfois si je n'ai pas de parents. Si vous saviez comme cela fait plaisir de recevoir un peu des nouvelles du pays, ne serait-ce qu'un mot de temps à autre avec ça qu'on préfère les longues lettres. Dites-moi un peu, de la ville et de la campagne, S'il y a des camarades blessés ou morts.

Ici, il pleut tous les jours. Comment se débrouillent-ils à la Sarriete pour ensemencer un peu. Comme j'aimerais prendre en main la charrue ou la herse au lieu de jouer aux soldats sur la grand-place, vous savez, en arrivant à Villeneuve !

Enfin, il faut espérer que si je ne fais pas les semences, je serais là pour faire la moisson, ce serait avec plaisir.

Je ne me fais pas de bile avec ça je préférerais cependant un tas de choses qui me manquent. La paisible veillée à la ferme par exemple, le marché, le café du Lion d'Or, les parties de chasse, le bal pour regarder comment il me faudra danser, et ces champs que je me plaisais à cultiver. Espérons que ces jours de bonheur ne nous seront pas arrachés pour toujours et que le jour n'est pas très éloigné où je pourrai me chamailler de nouveau avec la mère Adeline. Chante-t-elle toujours aussi faux ?

Dites donc ? Vous qui m'avez fait rêver de voyages, mes souhaits seraient accomplis si on avait jamais l'idée de m'envoyer en Turquie! Mais pourtant, je ne le pense pas. Je crois plutôt aller à un secteur du front, chercher l'honneur, si ce n'est la mort. Mais je dois vous dire que je la conserverai, je la défendrai jusqu'au bout cette petite carcasse. Laissons cela pour penser à d'autres choses plus jolies. C'est ce que je me redis chaque jour: tel est mon caractère, faites-en autant. C'est un conseil que je vous donne, et c'est le vrai moyen d'être heureux dans cette vie. Allez de cœur, à la Sarriete, et portez-leur ce message. Ils sont comme la terre, eux, ils n'ont pas besoin de lire. La preuve, vous irez! Et par vous, ils liront.

Comment vont les autres, et vous? Racontez-moi un peu tout ça, et tous les amis. Et vos dames, et leurs enfants, c'est pour eux, la guerre, vous savez! Le fils Surrelac ne vient-il pas au front?

Enfin le temps me manque et je dois finir ma lettre. Donnez, pour moi, un gros bonjour à tous, tous les parents et connaissances, et à la ville, aussi, comme ça, en passant, et sur le chemin de la Sarriete, au grand Ormeau, vous savez?
Votre fils à tous qui vous embrasse bien fort.

Martial.

P.-S. — Partagez mes caresses avec ceux de Polignac, de Marsolan et de Tressens. Je joins à cette lettre une photo. Il est preux, votre Martial, n'est-ce pas?

Ville-sous-Bois le 29 mars 1915.

Amis !

Je ne sais pas quoi faire et comme nous approchons du premier avril, j'ai pensé à vous envoyer un petit poisson et quelques riens que j'ai cueillis dans le bois de Hesse, à la porte du village en planches que nous occupons les jours de repos. Le poisson, je ne vous dirai pas que je l'ai pêché dans la Meuse (rivière), vous ne le croiriez pas, vous ne voudrez pas croire non plus que les petites fleurettes, les sœurs de celles qui accompagnent ma lettre à l'heure où je vous écris, 8 heures 30 du soir, sont recouvertes de neige mais elle aura disparu demain matin car le temps est au beau, l'hiver est fini, bien fini.

Vous comprendrez par ces petites choses combien des bois doivent être jolis aux yeux des gens qui sont heureux quand vient le printemps. Il y a des merles aussi. Ils sifflent comme les nôtres et sont les mêmes. De temps en temps nous en mangeons quelques-uns mais il faut bien viser avec le fusil Lebel. Les lièvres et les sangliers, c'est différent. On leur fait des feux de sabre, toute une section s'il le faut. L'autre jour, il y en a un qui nous a émotionnés passablement. Les boches devaient l'avoir tiré aussi. Il est arrivé sur notre tranchée à toute vitesse. Nous avons cru que c'était les boches qui ébranlaient les fils de fer. Les sentinelles ont tiré dessus. Nous nous sommes portés aux créneaux précipitamment et bientôt nous nous sommes rendu compte que ce n'était qu'un malheureux et vulgaire sanglier qui était tombé dans notre toile d'araignée. Je n'ai pas besoin de vous dire qu'il a reçu plus de dix balles.

Ah! vous ne saviez pas ça vous autres, nous ne chassons que les boches. Il y a temps pour tout.

Les nouvelles sont bonnes au cantonnement du 2e bataillon. Le général est venu nous dire bonjour. Dans l'après-midi, les terribletériaux, avec notre concours, ont fait l'attaque d'une barrique de vin qu'il nous a payée (le général). Par contre nous avons eu une malencontreuse déception. Profitant du brouillard, les poux ont concentré des forces considérables dans la chemise de mon collègue Antoine, vous le connaissez, il est de Montestruc, et l'ont assiégé de toutes parts. Au moment où je vous écris, la bataille dure encore.

Mais je vous quitte, le papier me manquerait. Ne vous faites pas trop de bile, voyez-vous, nous ici au cantonnement, nous faisons concert tous les soirs. Ce qui nous manque, c'est quelques cotillons. L'autre jour, une femme a été signalée au carrefour. Il y en a au moins cinquante qui ont couru la voir. C'est nouveau, pensez donc! Recevez mes bonnes caresses. Votre Martial qui vous aime.

P.-S. — Je pars pour vous dire deux mots seulement et puis le papier manquera. Avez-vous reçu mes caricatures boches? Il paraît qu'un grand combat naval se livre en ce moment dans les bois de Polignac. N'avez-vous pas vu passer les torpilleurs à la Sarriete? Bises douces à ceux-là de chez moi, qu'ils aient l'œil!

Les tranchées, 27 mai 1916.
Mes deux amis!
Hier j'ai reçu vos lettres à la fois, celle du 13 qui avait du retard, et celle du 15 que mon père vous a dictée. Laissez-moi vous dire en passant que je ne pourrai jamais m'acquitter d'une dette de reconnaissance envers vous, et que j'espère qu'à la Sarriete, ils le font dans la mesure de leur possible.

Mon père me fait venir l'eau à la bouche quand il me dit que les perdreaux viennent manger avec les poules. Il m'amuse aussi quand il me dit qu'il travaille beaucoup, qu'il ne sait plus quand il se couche et quand il se lève. Mais qu'il sait seulement que quand il s'habille, sa culotte est encore chaude. J'en ris encore. Veuillez lui dire que je suis pauvre en enveloppes et que je ne lui ferai pas réponse. A-t-il reçu les trois derniers mandats?

Lisez à ma mère ce qui suit: je t'admire petite mère de rester courageuse comme cela et malgré tout. J'avais peur que tu te laisses aller au découragement et je suis enchanté de te voir si forte et si résignée. Pleure devant Joseph et Roland, ça te fera du bon et du bien. Tu parles d'une bombe que nous allons faire à mon retour avec tout cet argent. Je parie que le jour de mes noces, tu vas valser comme une folle avec les invités. Je veux te faire saouler comme une bourrique, quand je me rappelle toutes scènes d'intimité. Voilà pour elle.

Comme je vois que la guerre se prolonge et que mon devoir est de distraire ceux-là plus âgés, mariés, pour leur faire oublier dans la mesure du possible les chagrins bien légitimes qu'ils ont en excédent sur les nôtres, à nous célibataires, je vous prie de m'envoyer les uns après les autres et dans l'ordre les quelques morceaux de chansons dont voici les titres : 1). « C'est une chose ». — 2). « Les pantalons de l'homme ». — 3). « L'eau à deux sous ». Cela me permettra de renouveler mon répertoire.

J'ai bien essayé de fabriquer quelques chansons, mais je n'ai guère de talent. Je joins à ma lettre celle que je viens de faire qui n'est pas la perfection mais qui a tout de même eu un succès colossal.

Faites comme moi, tâchez d'éviter les chagrins et vous verrez qu'avec la patience nous arriverons à bout de toutes ces peines cruelles. Nous avons été bien étourdis : oublions, n'oublions pas. Avez-vous tant de travail à la Mairie ?

Caresses a vous et à vous tous et aux cheveux de mes sœurs. Qu'elles préparent ma noce !

Martial.

P.-S. — Antoine insiste. Êtes-vous allés à Montestruc ? Avez-vous vu Hélène ? Elle doit être belle pour qu'Antoine colle à son idée. Et comment a-t-elle pris la mort de son sien ? Après tout vous étiez au mariage. C'est à vous de faire le voyage. Antoine veut savoir. C'est pour lui. Je transmettrai.

Vingt-septième jour

Les pages de ce cahier me sont herbes coupantes. Ce lieu de papier qui rend tout possible encore me rejette déjà. Aujourd'hui 8 juin 1935, pas même un mois après ta mort, Joseph, par le secours de cette encre, et de ce stylo que je saisis comme nous nous sommes brandis, je vois bien que notre vie tient aux mots, et que peut-être nous n'accusons les mots de nous la prendre que par désir de jouer double. Et si, après tout, nous allions vivre deux fois? Deux portraits de nous. L'un en creux, de notre vécu, de notre combat. L'autre en pleins et déliés, de ce cahier. Ai-je été sacrilège? Le second oblitère-t-il le premier? Ou bien est-il tremplin?

Ce cahier, naissance, se détache de moi. Quand viendras-tu me voir? Quand te reverrai-je? Une vie s'achève, une autre commence. L'entre-temps n'aura duré que quelques jours. Une affaire de cassure. Je refermerai ce cahier et m'y broierai les doigts et les mains, à m'y accrocher pour retenir ce vent contraire qui repousse les battants du grand portail d'un arc-en-ciel. L'eau d'un ru rougeoie déjà de notre sang, comme au jour où le boucher tue ses bêtes. Un âne, un chat, un crapaud, un sanglier, tous les meurtres de ce cahier, prélude à notre mort! Nous nous sommes fait les griffes sur notre amour à nous en arracher la peau. Nous voilà, écorchés, prêts à renaître.

Ah! la vanité de tout espoir quand il n'est pas désespoir. Combien de temps faut-il pour se situer.? Toute une vie? Jamais rien en fait ne s'établit.

Le jour de son retour, peu après l'Armistice, Martial s'est moqué de nous. Accusant son accent chantant, devant ses parents, il nous a dit: « Oh vous, taisez-vous, je suis l'ancien combattant, vous n'êtes que des anciens combattus! » Oui, cette guerre, nous l'avons vécue, planqués, à régler les problèmes de la Mairie, à nous occuper des registres des naissances et des morts. C'est même toi, Joseph, qui a inscrit la naissance de ton fils Pierre, suppléant le gratte-papier courageux, qui était allé se battre. Mais de quel courage s'agissait-il? De quelle revanche et de quelle destruction? De cette Guerre, je ne retiens qu'une odeur: celle du papier administratif. Et c'est à toi, Joseph, si sensible d'odorat, que je dois ce souvenir clivé.

L'Armistice fut une fête pour tous, sauf pour nous. On commença à nous montrer du doigt. « Ils ne se sont pas battus, eux! » Et nous fîmes notre travail municipal jusqu'au bout. Jusqu'à ce que le Monument aux Morts soit érigé sur les Promenades, et que soit inscrite dans la pierre cette liste que nous avions mis des années à établir. Tous ces noms. Autres vies. Autres amours.

Même Sabine et Clothilde se réjouissaient de nous voir les quitter pour la journée. Saint-Pardom redevint un refuge, comme une geôle. Et nous faisions semblant, l'un et l'autre, de nous passionner pour nos travaux respectifs, quand notre seul désir allait vers un passé de gestes qui nous liait encore, nous attirait de l'avant comme pour nous entraîner. Vers quoi? Et à nous regarder, parfois, furtivement, nous nous interrogions. Mais la barrière de nos corps vieillis nous interdisait tout élan. Nous nous en tiendrions au baiser arc-bouté du jour du crapaud, qui fut aussi jour d'un enfant mort-né, jour de déchet. Et quand parfois, jaillie de l'un ou de l'autre, une phrase commençait par « tu te souviens… » nous nous arrêtions là. À peine un sourire s'esquivait-il sur nos lèvres, nous nous évitions du regard. Parfois seulement, je te prenais la main, ou bien tu saisissais la mienne et une étreinte des doigts, un bref instant, suffisait à nous calmer et à nous inspirer de nous taire quand tout clamait encore en nous, désordre de nos corps.

Nous nous sommes remis alors à écrire des poèmes. Ils n'étaient que peaux mortes. Aussi, nous ne nous les échangions même plus. Je me souviens simplement d'une feuille de brouillon que tu avais oublié de déchirer, retrouvée en vidant la panière du bureau et sur laquelle, poème inachevé, tu avais inscrit, puis barré, césures:

« Le ciel a chaviré
Et sous la coque retournée
Nous avons frappé
Poings de sang… »

Évidemment, c'était mal parti. Chaviré, retournée! Mais toute poésie quand elle est, procède d'un mauvais départ. Nous n'avons pas su accorder les mots à notre étreinte, c'est tout. Nous nous sommes aimés. Ce n'est pas fou. C'est. Où bien sommes-nous allés trop loin dans nos gestes, là même où tout langage devient inutile. Ah, la grande œuvre de notre vie, dont ce cahier n'est que l'orée, et qui sera gommée avec nous!

Martial est simplement venu nous demander un costume, la veille de ses noces. Ce costume qu'il portait il y a vingt-sept jours quand on t'ensevelissait près de ta mère, ou bien non, quand on posait ton cercueil près de celui de mademoiselle Terrefort, fille-mère, comme sur les étagères d'un bazar souterrain. Moi, on me jettera, n'importe où, je le sais. En fils de cayennard!

Ce jour-là, sans pudeur, Martial a essayé le costume, devant nous. Un instant nu, il nous a fait face. Et il a ri « J'ai plein de poils maintenant, un vrai poilu! » C'était dans la chambre, à l'endroit même de sa première jouissance. Lui, petit galopin.

Et quand, le raccompagnant à la grille, il m'a fait remarquer que Polignac était en friche depuis plus de trente ans et que c'était un scandale, je lui ai dit simplement : « Prends-la. » Oui, j'ai parlé alors de cette

terre comme d'une autre femme, d'une autre noce. Il
a souri, heureux, et a simplement répondu : « C'est à
vous de me remercier. Je vais la rendre vivante, cette
endormie ! »

Aussi, Joseph, Sabine a-t-elle été surprise de voir son
métayer à ton enterrement. Il y a vingt-sept jours.
Vingt-sept jours ! Elle a vendu Copeyne, mais je ferai
tout pour que Polignac reste à son maître. Notre
maître, Martial ! Comme tout cela, corps avides, se
tend et s'étire encore en moi, se tapit en nous.

Ce matin, Martial m'a envoyé son fils cadet, Martin,
douze ans, avec un panier plein de pêches et d'abri-
cots, et un petit mot : « Mon Roland. Vide le panier,
c'est pour toi et pour la dame de Joseph. Renvoie-moi
le panier et mon fils. Je lui ai dit de frapper avant d'entrer chez vous. Je t'aime, vieillard. On me dit que tu
pars. Ta dame est venue me l'annoncer. Je l'ai flanquée
à la porte. Polignac est à moi. Je fais l'amour avec elle.
Rends-moi au moins une visite avant de partir. Ton fils
partagé, Martial. »

Fils partagé ? Le petit Martin est parti en courant. Il
avait très peur. Clothilde lui a offert un franc qu'il n'a
pas voulu prendre.

Dernier jour, Veille de départ

Le véritable lien est suite d'insatisfactions et d'inachè-vements. Je te livre cela Joseph en termes de tendresse et de sagesse. La sagesse étant la seule véritable et unique violence.

Depuis trois semaines, je me cantonne dans ce bureau, étiquetant les dossiers, classant des lettres et des papiers, découvrant toutes sortes de notes, tant de mon écriture que de la tienne, qui auraient pu consti-tuer une œuvre plus large et spectaculaire quand, seu-lement, compte en fait ce qui fut élan, heurt, acharne-ment à nous inaccomplir pour mieux encore nous réunir.

Le couple en fait est hors la loi quand il est. Rien ne peut codifier ni restituer les gestes et leurs unions, les regards et leurs joutes, les désirs quand ils ne peuvent que céder à l'inassouvissement.

Le véritable lien est aussi affaire de lieu. Cette ville fut notre tuteur, et l'horizon notre tentation.

Aussi ai-je jugé inutile de recopier ici tous ceux des textes que nous avons écrits lors de nos nombreux voyages d'hiver, de 1921 au mois de janvier de cette année 1935, quand nous avons dû quitter précipitamment le port d'Alexandrie, inquiétés par ta santé. L'hiver ailleurs, l'été ici ! L'été à retrouver nos enfants grandis, et nos femmes rivalisant l'une d'ambition, l'autre de discrétion. L'hiver, les hivers à découvrir la Crète, le Nil et les Nubiens, Éphèse, et même Kaboul. J'ai failli succomber à la tentation de sauver au moins une page d'un de tes carnets de voyage relatant la visite et ta vision de la Ville Rouge, Ville interdite de Gengis Khan. Mais alors que je m'apprêtais à le faire, j'eus comme un sentiment de danger comme si tout cela recopié auparavant se rebellait et criait gare. Le vrai grand voyage de notre vie fut celui de nos corps, tout autour et au-dedans, plongeant.

Et le jour de ta mort, quand Clothilde vint me demander de m'occuper de ce qui allait être ta dernière toilette, j'eus peur aussi, je l'admets. J'aurais bien volontiers esquivé la demande. Mais le regard de Clothilde était net. Il me fallait accepter. Et je l'avoue, dès le moment même où j'ai ouvert ce cahier, l'idée se terrait déjà en moi de garder cette scène pour la fin. Comme un enseignement.

Au pied du lit, par terre, à l'endroit même où nous avions fixé Martial, Clothilde disposa de grandes serviettes de bain. Je t'ai alors pris dans mes bras. Tu pesais lourd, si lourd. Je t'ai posé sur le sol. Clothilde a disposé autour de ton corps, de grandes jarres d'eau fraîche et des vasques pour l'eau sale, et me tendant une éponge, elle a simplement murmuré « C'est à toi de le faire ». Elle pleurait.

Alors, de bas en haut, avec des ciseaux, j'ai découpé ta chemise de nuit. Je l'ai écartée en deux pans, de droite et de gauche, découvrant un corps étranger, pâle, lassé, amaigri. Et sous la peau le dessin de tes os, écueils, récifs fleurant une surface. Puis il m'a fallu découper les emmanchures, faire glisser la toile, en tubes, le long de tes bras, arracher au-dessous de ton corps le lambeau de chemise, ton premier linceul, pour me mettre enfin à l'ouvrage. À genoux, derrière moi, Clothilde me regardait faire. Mais elle ne te regardait plus. Je t'ai nettoyé, tout doucement d'abord le visage, ton nez, le menton, le cou, puis les bras, les aisselles, ton buste et ton ventre, comme un creux. Je crois alors que tout de ma vue s'est brouillé. Était-ce mes sanglots ou bien ceux de Clothilde ? Puis je t'ai fait rouler sur les serviettes, et rinçant l'éponge, la chargeant d'eau propre souvent, trop souvent, curieux va-et-vient de la jarre à ton corps, je t'ai lavé le dos. J'ai officié une dernière fois. Je ne veux rien dire ou exprimer d'autre. Il me faut seulement écrire que je l'ai fait. Je ne retiens qu'une question : qui nous a déformés à ce point, usés, creusés, plissés ? Devais-je me sentir humilié ?

Reste le corps de ce texte, la peau de ce cahier, les esquisses des textes choisis comme nos classiques favoris, sélectionnés au hasard du cœur et non de l'analyse.

Reste en deçà de toute poésie, cette marche à deux que nous avons faite ici.

Je partirai seul pour Paris. Demain. Seul, avec Sabine! Toute solitude est vivante quand l'isolement ne s'en mêle pas. Je vais m'isoler avec elle. Et mon fils. Pour leur réussite et ma condamnation.

Et là-haut, le choc sera anonyme. Je crierai ton nom partout au hasard des rencontres quand je ne peux le faire ici, forts que nous étions de nous commander l'un l'autre.

Eussé-je dû, aussi, livrer ici ce long texte que tu as écrit en août 1928 saluant le retour d'Alain Gerbault. Tu l'as intitulé « Notre tour du monde ». De Saint-Pardom, tu livres là le moindre recoin, tu décris le plus subtil craquement ou parfum. Tu me nommes « Firecrest » dans ce texte. Chacun est donc le chercheur d'aventures de l'autre, et son bateau. Un amour n'en finit pas de sillonner!

Eussé-je dû aussi recopier ces coupures de presse concernant le meurtre sordide d'Hélène et de ses trois enfants à Montestruc, par son second mari Antoine, héros de la Grande Guerre? En quelle année déjà?

Lieu ou lien, un lieu nous réunit encore. Pour la première fois depuis ta mort, Clothilde vient d'aller fermer les grilles de Saint-Pardom. Nous prendrons ce soir notre dernier repas ensemble. Je ne reviendrai pas dormir ici car nous partons à l'aurore. Et quand, sur la

route de Cazauban je saluerai le jour levant, c'est à toi
que mon salut s'adressera.

J'ai revu Martial. Non pas à Polignac mais chez le
notaire. Je lui ai fait don de cette terre. Sabine m'ac-
compagnait. Elle n'a rien dit. Elle se cramponnait à
son sac et n'arrêtait pas de croiser et décroiser ses petits
pieds bottinés, sous la chaise, en arrière, comme si de
rage elle allait chavirer de l'avant. Et Martial, mains à
plat sur les genoux, le buste droit, n'a rien dit. Après la
signature au moment de nous quitter, Sabine a refusé
de le saluer. Je me suis approché de lui, je l'ai embrassé
sur le front et je lui ai dit merci.

Le merci de notre vie. Tout recommence. Qu'il est
doux de mourir avec toi, Joseph, terre fertile. Martial,
Martin, et puis les autres! Ceux-là, un jour, peut-être,
liront ce cahier comme un bel aujourd'hui. Adieu
Joseph, je referme ce cahier comme un plumier!

Additif. Deux lettres retrouvées dans le Cahier

« Paris le 7 février 1936.

Ma très chère sœur,

C'est avec quatre jours de retard que je te préviens. Roland, ton beau-frère, est mort dans la nuit du premier au deux février. On l'a retrouvé poignardé au petit jour, dans un buisson non loin du Château de Vincennes, à proximité de la Caserne du même nom. C'est Henri qui est allé reconnaître son père à la morgue. La police ayant renoncé à l'enquête, le corps nous a été rendu hier. Et pour parer au plus simple, Sophie, Henri et moi-même avons opté pour la fosse commune.

Je te demande de faire la déclaration à la Mairie. Tu trouveras, ci-joint, les documents nécessaires. La mention « mort accidentelle » t'invitera d'elle-même à ne pas répandre le fait de ce drame. Roland, depuis notre arrivée ici, ne nous parlait que peu et sortait beaucoup, la nuit surtout.

J'ai retrouvé dans ses papiers cette lettre qui t'est destinée et qui semble-t-il contient une clé. Je t'en souhaite bonne réception.

Nous désirerions venir passer l'été prochain chez toi. J'ai toujours aimé Saint-Pardom. Nous acceptes-tu ? Avec tes enfants ? Nous serions tous réunis ! J'attends de toi une réponse, mais je t'en prie, pas de condoléances. Tout s'est passé si vite que nous n'avons guère eu le temps d'en souffrir vraiment. Pour notre pauvre Roland, le premier coup fut donné, selon le médecin légiste, à l'abdomen. Il n'a paraît-il pas souffert. C'est l'essentiel. La vie, ici, à Paris, en ce début d'année, semble bien tourmentée. Beaucoup de manifestations de toutes sortes… Henri prétend que c'est la fin d'une époque. Je t'envoie une photo de Roland. La seule que j'aie vraiment jamais eue. Sa place désormais est plutôt dans leur bureau.

À bientôt te lire, chère sœur, oublions bien vite ce temps de douleur. Ton aînée qui t'aime. Sabine. »

« Saint-Pardom, veille de mon départ.
Ma Clo.
Je joins à cette lettre la clé du premier tiroir du bureau. Tu y trouveras un cahier que je viens d'y enfermer, sur lequel j'ai noté tout cela que Joseph et moi nous sommes ravis, et t'avons plus tard caché. Tourne les pages de ce cahier comme tu pousserais les volets de Saint-Pardom et les ferais claquer au soleil et au vent. Ne nous juge pas. Partage. Je t'embrasse tendrement. Adieu. Roland. »

Un cahier dans un tiroir fermé à clé. L'aventure comme le texte est effraction. Je vous en supplie.

Achevé d'imprimer en décembre 2005
par Brodard & Taupin à La Flèche
pour le compte de

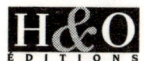

BP 90 - 34502 Béziers cedex
Tél. 04 99 43 05 52 - Fax 04 67 35 14 23
E.mail : heto1@wanadoo.fr
Internet : www.ho-editions.com

N° d'imprimeur : 33027

Dépôt légal : décembre 2005

Imprimé en France